# 死刑囚238人最期の言葉

A級戦犯からシリアルキラーまで

【編著】鉄人ノンフィクション編集部

TETSUJINSYA

はじめに

# 懺悔か祈りか、はたまた無念か

人間、誰しもいつかは必ず死ぬ。大往生だろうが、闘病の果てだろうが、不慮の事故だろうが、その生命は遅かれ早かれ尽きるときがくる。息絶える前、あなたはどんな言葉を発するのだろうか。口には出さず遺書を残すだろうか。自分の人生を振り返り、出てくる台詞や文言はどんなものだろう。

予期せぬ死、覚悟の死。この世からの去り際は人それぞれなれど、それが国家によって殺される運命となった死刑囚は特別な存在だろう。果たして、彼らは最期に何を語ったのか。

太平洋戦争開戦時に日本の首相だった東條英機は「喜んで死んでいける」と刑場に消え、栃木県で雑貨商一家を殺害した菊池正は「おかやん、助けてくれよ」と泣き叫び、母親と見知らぬ姉妹を殺めた山地悠紀夫は「生まれてこない方がよかった」と漏らし、女子短大生を生きたまま焼き殺した服部純也は「最後のチャンスが欲しい」と命乞いし、松本サリン事件や地下鉄サリン事件に関わった土谷正実は「たとえ死んだって誰よりも深く愛している」と獄中結婚した妻に言い残した。

イタリアの独裁者ムッソリーニは処刑寸前に「心臓を狙え」と銃殺隊に助言し、犯してもいない妻子殺しで逮捕されたティモシー・エヴァンスは「クリスティーがやった」と真犯人の名を口にし、稀代のシリアルキラーであるテッド・バンディは「私は暴力の中毒だった」と寂しく言い、30人以上もの少年を葬った〝殺人ピエロ〟ことジョン・ゲイシーは「尻にキスしろ」と毒を吐き、看守殺しで死刑判決を受けたロドニー・ベルゲは最後の最後に上訴し執行時間が遅れたことに「すまない。渋滞に巻き込まれたんだ」とジョークを飛ばした。

本書は、その形態に差はあれど法廷で死刑判決を下され処刑された古今東西238人が最期に口にした言葉を集めた1冊だ。戦争責任を問われた者、連続殺人鬼、冤罪で刑場の露と消えた者、即日死刑になった者もいれば、20年以上の時を経て執行された者、執行を待たずして獄死した者もいる。集めた言葉も、処刑台に立つ寸前のもの、死刑が宣告された直後のもの、場合によっては犯行中のものも網羅した。また、本人が口にした言葉ばかりでなく、辞世の句、遺書の一節も含まれている。

死刑囚が最期に放った言葉は、懺悔か祈りか。はたまた無念か。

鉄人ノンフィクション編集部

死刑囚238人最期の言葉

目次



## 国内編

## 海外編

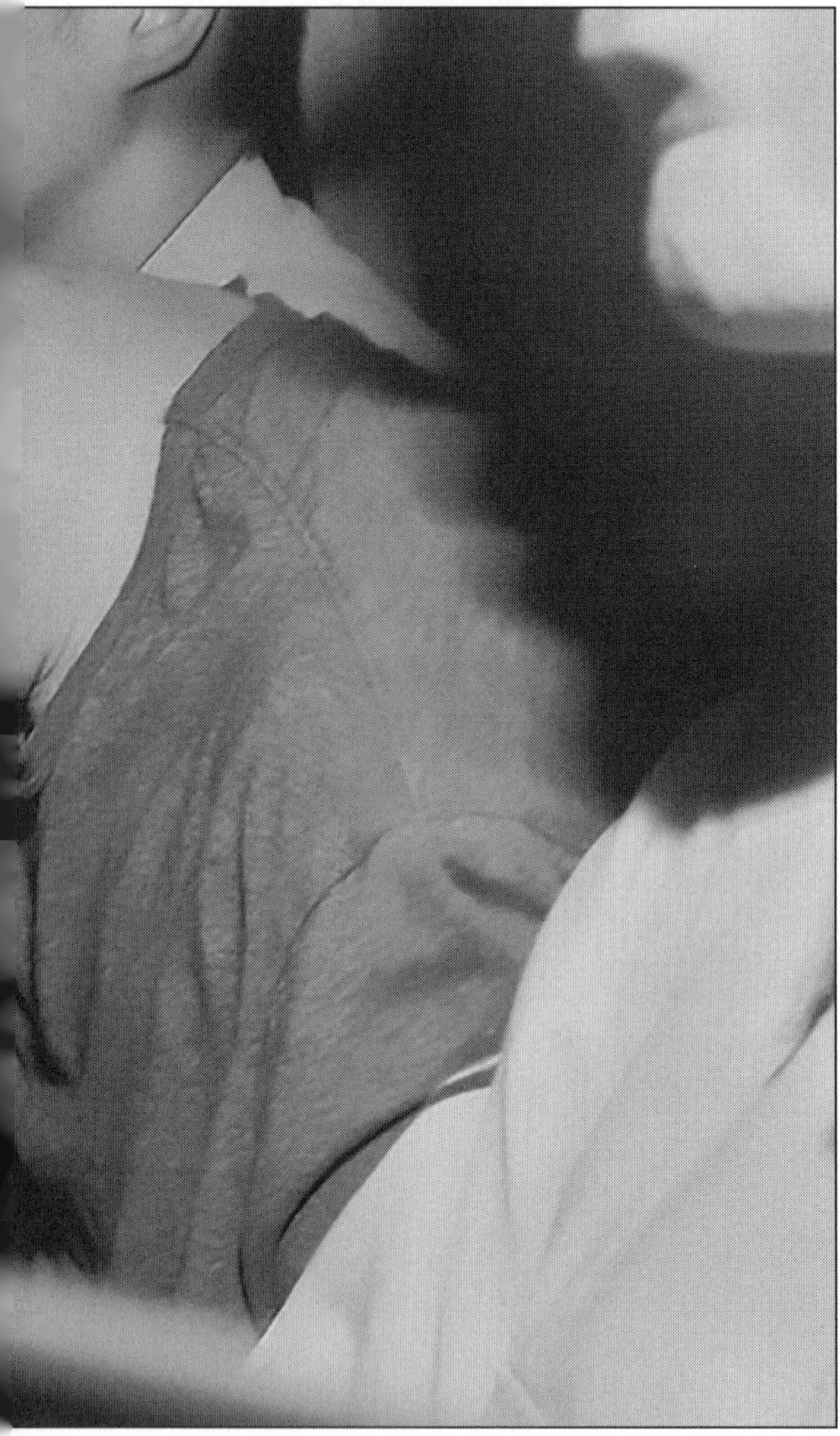

2008年6月8日、東京・秋葉原で無差別に7人を殺害、逮捕・連行される加藤智大元死刑囚

死刑囚２３８人
最期の言葉

# 国内編

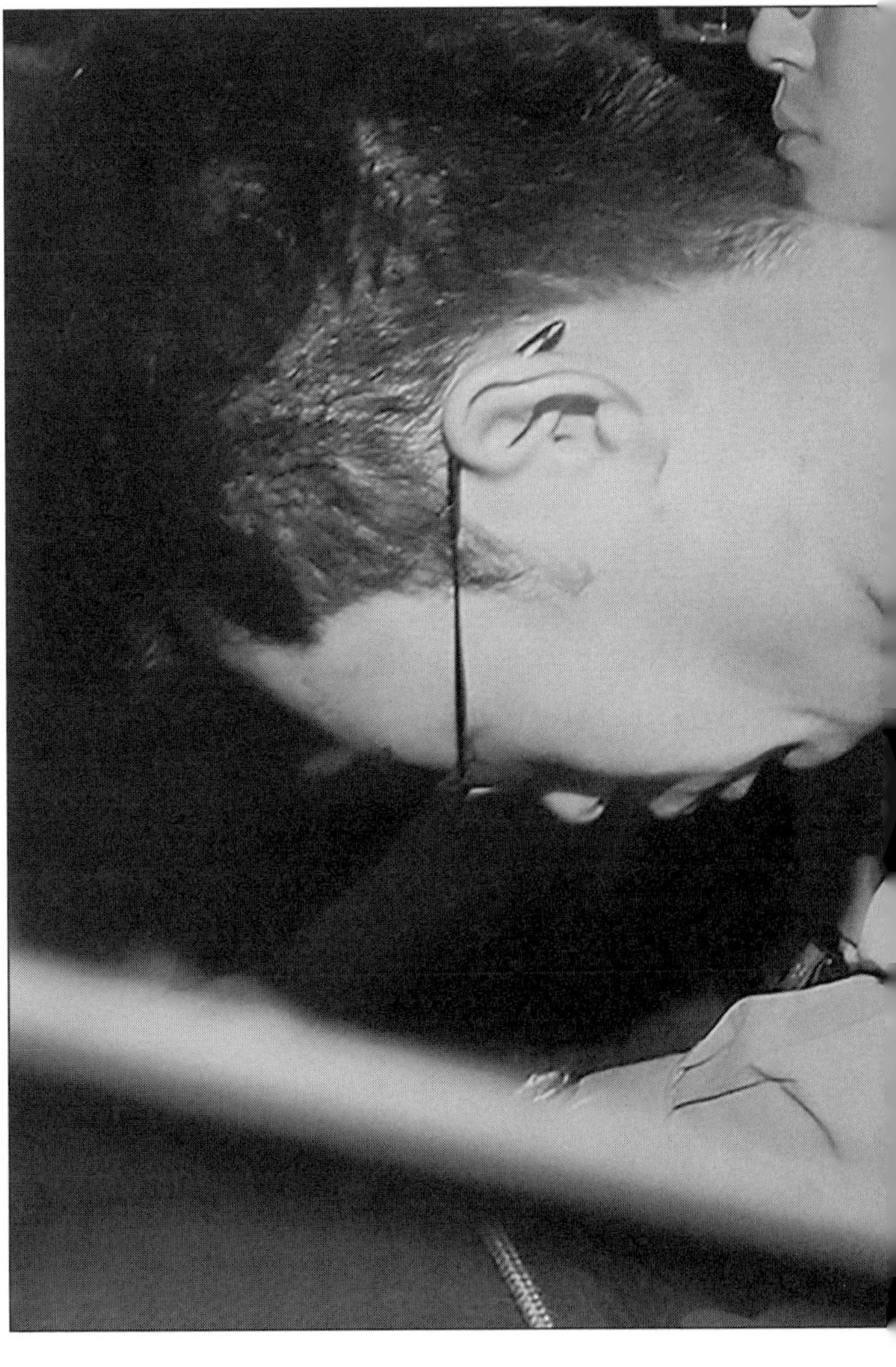

# 少年臀部削ぎ取り殺害事件
# 野口男三郎《のぐちおさぶろう》

ああ世は夢か幻か
獄舎に独り思ひ寝の
夢より醒めて見廻せば
あたりは静かに夜は更けて

死刑確定………1907年10月10日
執行………1908年7月2日(享年28)
処刑地………市ヶ谷刑務所

1902年（明治35年）3月27日、現在の東京都千代田区二番町の路上で、左右の臀部（尻）の肉を削ぎ取られた少年の遺体が発見されるという猟奇的事件が起きた。犯人は当時22歳の青年で、正岡子規と並び称される歌人の野《の》口《ぐち》寧《ねい》斎《さい》の家に下宿していた東京外国語大学の学生、野口男三郎。男三郎は寧斎が患っていたハンセン病に人肉が効くという迷信を信じ少年を殺害。寧斎や、彼の妹で男三郎と内縁関係にあったサエにも臀肉からエキスを抽出して作ったスープを食べさせていた。後にサエとの正式な結婚に反対していた寧斎を毒殺、さらに金銭目的で近所の薬店店主に偽の投資話を持ちかけ雑木林で首を絞めて殺害。1905年5月28日、満州に逃走しようとしていたところを逮捕された。公判では最後の薬店店主殺害のみ罪に問われ死刑が確定。獄中で上の詩を残したとされるが、その文言にあるように、男三郎には全てが夢のようで現実味がなかったのかもしれない。

# 東洋平和のために御尽力されることを願う。

## 安重根《アン・ジュングン》

伊藤博文暗殺事件

死刑確定………1910年2月14日
執行………1910年3月26日（享年30）
処刑地………旅順刑務所

1909年（明治42年）10月26日、現在の中国黒龍江省のハルビン駅で、日本の初代総理大臣で都合4期にわたり首相を務めた伊藤博文が暗殺された。日露戦争に勝利したことで、日本はポーツマス条約（1905年9月）にてロシアに韓国への進出を認めさせ伊藤は韓国統監に就任、約3年半にわたって韓国に駐在し韓国併合のための基礎作りを行っていた。対し韓国内では反日運動が激化し、民族主義者の安重根は同志とともに遊説を展開した後、ロシアのウラジオストクに亡命し日本に抵抗する義兵活動を行うなか、韓国統監を退き枢密院議長となっていた伊藤がこの日、ハルビンでロシアの蔵相と会談する情報を入手。祖国独立のために暗殺を決意し、周到な準備を整えたうえで、列車内での会談を終えてハルビン駅のプラットホームに降りた伊藤を狙撃、射殺した。最期の言葉は、絞首台に登る前に立会人に言い残したもの。安は抗日闘争の英雄として現在でも韓国内で高く評価されている。

# これが、わたくしの運命である。

## 幸徳《こうとく》秋水《しゅうすい》

### 幸徳事件

死刑確定………1911年1月18日
執行………1911年1月24日(享年39)
処刑地………市ヶ谷刑務所

土佐(高知県)の自由民権運動の中で育った幸徳秋水は1901年(明治34年)に社会民主党を結成、『平民新聞』を発行し、同紙で「共産党宣言」を翻訳発表するなどして1905年に新聞紙条例違反で入獄した。出所後に渡米、1906年に社会革命党を結成し、帰国後も演説会や新聞で直接行動論を展開、1909年に『自由思想』を刊行するも即日発禁となるなど、危険思想の持ち主として警察から目を付けられていた。そして1910年6月、明治天皇への爆弾テロを企てたとして、大逆罪(天皇、皇后、皇太子等を狙って危害を加えたり、加えようとする罪)で逮捕され、他の社会主義者・無政府主義者10人とともに処刑された(事件は冤罪の可能性大)。秋水は監獄の中で「死刑の前」と題された数万字に及ぶ文章(死生、運命、道徳―罪悪、半生の回顧、獄中の回顧の5章構成)を記しており、1章の最後に、これも自分の運命であると処刑前の境地を綴った。

くろがねの
窓にさしいる　日の影の
移るを守り
けふも暮らしぬ

## 管野スガ《かんの すが》
### 幸徳事件

死刑確定………1911年1月18日
執行………1911年1月25日（享年29）
処刑地………市ヶ谷刑務所

右ページの幸徳秋水とともに大逆罪で死刑となった1人。1881年（明治14年）、現在の大阪市北区で生まれ、1902年に『大阪朝報』に入社して新聞記者に。紙面で娼婦のことを「醜業婦」と批判したこともあったが、女性地位向上運動「婦人矯風会」の活動を知って反省し、廃娼運動や男女同権の運動にも参加するようになる。幸徳秋水の社会主義思想に共鳴し、彼と知り合うのは日露戦争勃発直前の1904年1月。３年後の1907年に社会主義者の荒畑寒村《あらはたかんそん》と結婚するも、1909年に『自由思想』を共に発刊した妻帯者の秋水と不倫関係となる。1910年6月1日、秋水と２人で出かけた神奈川県湯河原温泉にて逮捕。処刑は、秋水ら11人の刑が執行された翌日だった。キリスト教徒だったが生前の遺言により火葬され、仏式で葬られた。法名は釈淳然。墓は現在の東京都渋谷区代々木３丁目の正春寺にあり、墓石の正面に上の辞世の句が刻まれている。

# 大米龍雲《おおこめりゅううん》

## 尼僧連続強姦殺人事件

止せやいッ。
クタばっちまえば
どうせ何も見えねえんだ。

死刑確定……1916年5月22日
執行……1916年6月26日（享年45）
処刑地……市ヶ谷刑務所

明治時代後半から大正初期、全国をまたにかけ尼僧を中心に強姦・強盗殺人を働いた僧侶、大米龍雲。一説には十数人を手にかけたとされる通称「殺尼魔」で、その犯行形態は鬼畜にも劣る残虐なものだった。尼寺に押し込んで尼僧を陵辱してから金品を奪い、犯行を隠すために殺害。犠牲者は老若関係なく、中には襲われて驚きの声を上げたところ、舌を引き抜かれ殺害された者もいた。逮捕は1915年（大正４年）８月８日。愛人と福岡に高飛びしたとの情報を得た警察が博多駅で見張り、身柄を拘束した。大米は裁判で死刑を宣告されても平然と受け止め、当時の看守によれば、処刑寸前も供物の饅頭とお茶を平らげ、タバコを美味しそうに吸い、「永えこと吸わねえもんだから、畜生ッ、頭がクラクラしやがらア。さあ。やって貰おうか」と終始堂々とした態度だったという。そして、看守が目隠しをしようとした際に上の文言を言い放ち刑場の露と消えた。

# 私の行為はあくまで正しい。

## 難波《なんば》大助《だいすけ》

虎ノ門事件

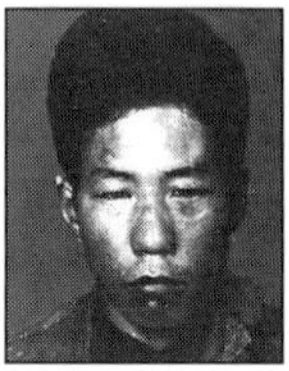

死刑確定………1924年11月13日
執行………1924年11月15日(享年25)
処刑地………市ヶ谷刑務所

1923年(大正12年)12月27日、皇太子裕仁親王(後の昭和天皇、当時22歳)が摂政として第48回帝国議会の開院式に出席するため、御料車(自動車)に乗り貴族院へ向かっていた午前10時40分頃、車が港区の虎ノ門を通過中、群衆の中にいた難波大助(同24歳)が警戒線を突破して接近し、ステッキ仕込み式の散弾銃で狙撃した(皇太子は無事だったが、車に同乗していた東宮侍従長が軽傷を負った)。その場で現行犯逮捕された難波は1899年(明治32年)、現在の山口県光市の名家に生まれ、早稲田第一高等学院に入学したが1年で退学。その後、日雇労働者として生活していくなかで、労働運動や社会主義運動に触れ、やがて共産主義の暴力革命、天皇主義打倒の思想に傾倒、単独で犯行に及んだ。公判でも反省の態度は見せず、1924年10月1日の最終陳述では「皇太子には気の毒なことをした」と述べながらも、自分の行動は正当化し続けたまま刑を執行された。

# 吹上《ふきあげ》佐太郎《さたろう》

## 関東連続少女殺人事件

# 左様なら
# 一足先に
# 死出の旅

死刑確定………1926年7月2日
執行………1926年9月28日（享年37）
処刑地………市ヶ谷刑務所

上記の辞世の句を残し処刑された吹上佐太郎は、1922年（大正11年）から1924年にかけ関東6県で10代の少女26人を強姦、うち6人を絞殺したシリアルキラーだ。1889年（明治22年）、京都の貧しい家庭に生まれ9歳で地元・西陣の工場に年季奉公に。その後11歳のとき勤めた反物屋で、同僚の17〜18歳の女性2人に性の道具として弄ばれる。この体験によって逆に年下の少女に異常な関心を示すようになり、1908年、19歳のときに金閣寺の裏山で11歳の少女を強姦・殺害。無期懲役の判決を受けたものの、服役中に元号が明治から大正に変わったことで恩赦を受け懲役15年に減刑、1922年に仮釈放され、一大犯行の幕を開ける。東京・神田で襲われた少女の目撃証言により1924年7月28日逮捕、そして死刑判決。執行前、吹上は悠々と仏前の供物を食べ茶を飲み、しばし黙祷した後、立ち会いの検事に「やはり多くの霊に対して私は死ななければならない」と語ったそうだ。

# 若殿に兜とられて負け戦

## 北一輝《きたいっき》
### 二・二六事件

死刑確定………1937年8月14日
執行………1937年8月19日（享年54）
処刑地………東京陸軍刑務所

1936年（昭和11年）2月26日、皇道派（天皇親政の下での国家改造を目指す思想）の陸軍青年将校らが、1,500人弱の下士官・兵を率いて蜂起し、高橋是清大蔵大臣、斎藤実内大臣ら政府要人4人を暗殺するとともに永田町や霞ヶ関などの一帯を占拠した。昭和史に刻まれるクーデター未遂「二・二六事件」は同月29日に将校らが投降したことで収束し、同年7月12日、首謀者15人が叛乱罪で死刑に処される。彼らに連座する形で死刑となったのが、中国の辛亥革命（1911-1912）に身を投じ、1923年に『日本改造法案大綱』を出版、右翼運動の理論的指導者として、蜂起した青年将校に大きな影響を与えたとされる北一輝だ。北は民間人にもかかわらず特設軍法会議において叛乱罪で極刑を下され、彼と親交のあった思想家の西田税（享年35）らとともに銃殺刑に処された。上の辞世の句は、軍隊を国民側に引き込めず、「天皇」に敗北した無念さを表しているという。

# リヒャルト・ゾルゲ

## ゾルゲ事件

# 世界の共産党万歳！

死刑確定………1943年9月29日
執行………1944年11月7日（享年49）
処刑地………巣鴨拘置所

太平洋戦争開戦直前の1941年（昭和16年）10月、かねてより日本での共産党関係者の情報を収集していた特別高等警察が内偵調査の結果、1933年にドイツの新聞社の特派員として来日したリヒャルト・ゾルゲが大規模な諜報団を組織、コミンテルン（ソ連を中心とした国際共産主義運動の指導組織）の命を受け、日本の対ソ政策や軍備の動向、日独関係や日本の対中国政策などの情報をソ連本国に流していたことを突き止め、ゾルゲや左ページの尾崎秀実ら20人の構成員を逮捕した。国防保安法、軍機保護法、治安維持法違反などで起訴されたゾルゲには裁判で死刑判決が下り、逮捕から3年後のロシア革命記念日に絞首刑執行。上の言葉は、その現場に立ち会った拘置所所長が執行直前にゾルゲの口から聞いたものだ。当時の日本にとっては死に値する人物でもソ連では英雄視され、1964年に生まれ故郷である現在のアゼルバイジャン・バクー県に銅像が建立された。

小生屍体引取りの際は、
どうせ大往生ではありませんから
死顔など見ないでほしいということ、
（長女の）楊子は連れて来ないこと。

# 尾崎秀実《おざきほつみ》

ゾルゲ事件

死刑確定………1943年9月29日
執行………1944年11月7日（享年43）
処刑地………巣鴨拘置所

ゾルゲ事件の首謀者としてゾルゲとともに死刑判決を受け処刑された人物。東京帝国大学（現在の東京大学）在学中に甘粕《あまかす》事件（1923年＝大正12年にアナキスト大杉栄とその妻子が殺害された事件）などに刺激を受け共産主義者に。大学卒業後は朝日新聞社に入社、特派員として赴任した上海支局で1928年11月にゾルゲと出会い、積極的に諜報活動に参加するようになる。一方、近衛文麿政権のブレーンとして、政界・言論界に重要な地位を占め、軍部とも独自の関係を持っていたが、自分がコミンテルンの活動に従事していることは、同僚はもちろん妻にさえ隠し、逮捕されるまで正体が知られることはなかった。上記の文言は処刑4ヶ月前の1944年7月に獄中で担当弁護士・竹内金太郎に宛てた遺書に出てくる一節で、尾崎は妻に対し「一徹な理想家というものと、たまたま地上で縁を結んだ不幸だとあきらめてもらう他ありません」とも綴っている。

# 東條《とうじょう》英機《ひでき》

## 開戦および殺人の罪

# 喜んで死んでいける。

死刑確定……1948年11月12日
執行……1948年12月23日(享年63)
処刑地……巣鴨拘置所

太平洋戦争開戦（1941年12月）時の日本の首相で、後に陸軍大臣と参謀総長も兼任した東條英機。日本降伏後に拳銃自殺を図るも、連合国軍の治療により一命を取り留め、その後の極東国際軍事裁判（東京裁判）にて開戦の罪（A級）および殺人の罪（BC級）で起訴された。公判では「この戦争の責任は、私一人にあるのであって、天皇陛下はじめ、他の者に一切の責任はない」と供述。判決公判で死刑を宣告される。巣鴨拘置所収監中に浄土真宗に帰依。その後は独房で「浄土三部経」などを読み念仏をする毎日を送る。執行前日、明日の執行を告げられた際は、国民に対する謝罪、「平和」の捨て石となり得ること、陛下に累を及ぼさないことなどを告げたうえで、阿弥陀仏に帰依したことで「喜んで死んでいける」と語ったそうだ。執行当日はブドウ酒を一口飲み、監視の将校たちに「ご苦労さん、ありがとう」と言葉をかけ刑場に笑顔で消えていったという。

## 広田《ひろた》弘毅《こうき》

対アジア侵略の共同謀議ほか

死刑確定……1948年11月12日
執行……1948年12月23日（享年70）
処刑地……巣鴨拘置所

（面会に訪れた孫へ）

# ちゃんと勉強して、しっかり暮らしなさい。

二・二六事件後の1936年（昭和11年）3月に内閣総理大臣に就任、その後、第一次近衛文麿内閣で外務大臣を務めた広田は日中戦争開戦（1937年7月）と、旧日本軍が中国の南京市で多数の市民を虐殺したとされる南京事件を黙認した責任を問われ、極東国際軍事裁判において死刑判決を下された唯一の文官（非軍人）である。この判決は裁判官の6対5の1票差の多数決で決まったもので、連合国軍の首席検事を務めたジョセフ・キーナンですら、どんなに重い刑罰でも終身刑まででではないかと考えていたそうだ。が、広田は「高位の官職にあった期間に起こった事件に対しては喜んで全責任を負うつもりである」とこれを厳粛に受け止め、堂々と絞首台に上っていったという。上の文言は執行1ヶ月前の1948年11月29日に家族と一緒に巣鴨拘置所へ面会に訪れた当時小学校4年の孫が広田からガラス越しにかけられた言葉で、その表情は極めて穏やかなものだったという。

# 板垣征四郎《いたがき せいしろう》

## 戦争に対する共通の計画謀議ほか

ポツダムの
宣のまにまに
とこしえの
平和のために
命捧ぐる

死刑確定……1948年11月12日
執行……1948年12月23日(享年63)
処刑地……巣鴨拘置所

1931年(昭和6年)、関東軍の高級参謀として石原莞爾《いしわらかんじ》と満州事変を引き起こし、第一次近衛文麿内閣で陸軍大臣に就任、国家総動員法の追加発動、満州産業5ヶ年計画の実施、三国同盟問題で強硬態度を示した板垣は、第7方面軍司令官としてシンガポールで終戦を迎え、その後、イギリス軍に逮捕、連合国によりA級戦犯に指定された。極東国際軍事裁判で「1928〜1945に於ける戦争に対する共通の計画謀議」「米・英・蘭に対する太平洋戦争の遂行」の罪に問われ判決は死刑。その後、獄中で教誨師に対し「自分のようなものが、この糞土の身を変えて黄金の身とさせてもらえるということは、実に幸福である。ポツダム宣言を実行されて、自分が永久平和の基礎となるならば、非常に幸いであり喜びである」と語り、処刑当日は広田弘毅、木村兵太郎(左ページ)と万歳三唱をし、刑場へと消えていった。上は執行前に板垣が残した5つの辞世の句の1首である。

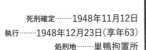

# 木村《きむら》兵太郎《へいたろう》

## ビルマ方面軍管下の捕虜・一般人の虐待の罪ほか

現身《うつしみ》は
とはの平和の　人柱
七たび生まれ　国に報いむ

死刑確定………1948年11月12日
執行………1948年12月23日(享年60)
処刑地………巣鴨拘置所

1944年(昭和19年)7月、日本軍は30万人余りのインドネシア人青年を「兵補」という名の補助兵力として集め、ビルマやニューギニア作戦へ送り込み、うち9割をジャングルの中での悲惨な末路へ追い込んだ。この残虐行為を放置・黙認していたのが当時、ビルマ方面軍司令官だった木村兵太郎である。戦後、A級戦犯として逮捕、極東国際軍事裁判にかけられたものの、「木村は東條英機のお供物」として告訴されただけで、間違っても死刑はないとの見方が大半だった。が、本人は極刑を覚悟しており、裁判前日、面会に訪れた妻に対し、「この裁判をどう考えているのか。はじめから結論はついているんだ。そんなに甘いもんじゃない」と述べ、予想どおり死刑判決を受けた。処刑前、上の辞世の句の他、「平和なる 国の弥栄《いやさか》 祈るかな 嬉しき便り 待たん浄土に」「うつし世は あとひとときの われながら 生死を越えし 法のみ光り」の2首を残している。

# 松井石根《まついいわね》

## 南京で起きたとされた大虐殺への罪

当時の軍人たちに
一人でも多く、
深い反省をあたえる
という意味で
大変に嬉しい。

死刑確定………1948年11月12日
執行………1948年12月23日（享年70）
処刑地………巣鴨拘置所

広田弘毅の項（本書21P）で触れた南京事件で、中支那方面軍の司令官（階級は陸軍大将）だったにもかかわらず、兵の不法行為の防止や阻止・関係者の処罰を怠ったとして、B級戦犯となった松井。極東国際軍事裁判では、「（大虐殺は）公的な報告を受けたことがなく、終戦後米軍の放送で初めて知った」「（当時南京の）巡視の際、約20人の中国兵の戦死体を見たが、市内の秩序はおおむね回復していた」と供述したものの、一切聞き入れられず「南京陥落から6、7週間に何千という婦人を強姦し、10万人以上を殺害した」自身の軍の行為を放置したとして死刑判決を下される。上の言葉は処刑2週間前の1948年（昭和23年）12月9日に教誨師に対し南京事件を顧みて語った最後の下りで、これに続けて「せっかくこうなったのだから、このまま往生したい」と口にしたそうだ。辞世の句は「天地《あやつち》も　人もうらみず　ひとすじに　無畏《むい》を念じて　安らけく逝く」の他、2首残している。

# 武藤章《むとう あきら》

フィリピン戦線での捕虜虐待に対する罪

死刑確定……1948年11月12日
執行……1948年12月23日（享年56）
処刑地……巣鴨拘置所

## 私が万一にも絞首刑になったら、田中の体に取り憑いて狂い死にさせてやる。

太平洋戦争開戦期に陸軍省軍務局長を務めていた責任、及びフィリピンやスマトラにおける日本軍による虐待や虐殺事件の責任でA級戦犯となり、極東国際軍事裁判に出廷した武藤（最終階級は陸軍中将）は、よもや自分が死刑になるとは思っていなかった。が、公判で、検察側証人として出廷した田中隆吉元陸軍少将が武藤のことを「軍中枢で権力を握り、対米開戦を強行した」と証言。これを聞いた武藤が、同じくA級戦犯の容疑をかけられ巣鴨拘置所に収監されていた笹川良一（不起訴。後の日本船舶振興会会長）に対し語気を荒げたのが上の台詞である。田中の証言がどれほど影響したのかは定かではないが、下された判決は死刑。東條英機は判決後、武藤に「巻き添えに遭わして気の毒だ。まさか君を死刑にするとは思わなかった」と言ったという。処刑前、「霜の夜を 思い切ったる 門出かな」という辞世の句を残し、刑場の露と消えた。

# 小平義雄《おだいらよしお》

## 小平事件

# こういう落ち着いた日に死ねるのは幸福だ。

死刑確定………1948年11月16日
執行………1949年10月5日(享年44)
処刑地………宮城刑務所

太平洋戦争末期から終戦後の東京で、若い女性に食糧の提供や就職の斡旋を持ちかけ、山林に誘い出したうえで強姦・殺害するという事件が立て続けに7件発生した。警視庁は1946年8月、7人目の被害女性と直前に会っていた男がいるとの目撃証言から当時41歳の小平義雄を拘束、自供が得られたことから逮捕に至る。小平の性欲はモンスター並で、海軍入隊後はヨーロッパに寄港するたび娼婦を買い漁り1晩で5回射精。戦地として中国・山東に赴いた際には妊婦を強姦したうえで腹を引き裂いて胎児を取り出すなど残虐非道を繰り返した。除隊後に結婚するも遠縁の娘を強姦したことが原因で、里帰りしていた妻の実家に押し入り、義父を撲殺。この一件で服役したものの恩赦により35歳で出所。連続殺人に及ぶのはその5年後だ。死刑判決直後は粗暴な態度が目立った小平だが、教誨師との交流を通じて改心。処刑当日は上の言葉を残すまでに落ち着いていたそうだ。

# 裁判所が二度とこのような誤りをしないことを願います。

## 古川高志《ふるかわたかし》
### 矢野村強盗殺人事件

死刑確定………1952年12月25日
執行………1953年3月20日（享年25）
処刑地………大阪拘置所

1947年5月23日夜、兵庫県赤穂郡矢野村（現・相生市）の農家に何者かが侵入、30代の夫婦を斧で殴り殺し、衣類等数十点を奪って逃走した。ほどなく警察は近所に住む古川高志（当時19歳）と兄（同29歳）を逮捕し、主犯は高志で兄は従犯との供述を得る。果たして、一審の神戸地裁姫路支部の判決は高志が死刑、兄が無期懲役だった（兄は控訴せず確定）。が、控訴審で高志は供述を翻し、実は主犯は兄で、兄が病弱で既婚であったことから窃盗の前科があり未婚の自分が身代わりになったと主張。そこで兄が証人として法廷に呼ばれたものの「弟が殺りました」と改めて証言し、大阪高裁は高志の控訴を棄却する。その後の上告審で最高裁は原判決を破棄・差し戻したが、高裁で再び死刑判決が下り、最高裁も上告を棄却したことで死刑が確定。その後も高志は「兄が真犯人」として再審請求を行うも棄却された。上は刑執行前、教誨師に宛てた遺書に記されていた文言である。

# 大谷高雄《おおたにたかお》

## 3人組強盗殺人事件

# ひと足お先に。極楽では私のほうが先輩ですからね。

死刑確定………1950年9月5日
執行………1955年2月11日(享年38)
処刑地………大阪拘置所

1947年4月23日、当時30歳の大谷高雄が共犯の男2人と兵庫県神戸市の歯科医宅に強盗目的で侵入、通報で駆けつけた警察官から銃を奪い警官を射殺した。強盗殺人罪で逮捕・起訴された大谷は一審から上告審まで全てで死刑判決を受け、刑確定から5年後に執行の時を迎えるが、特筆すべきは大谷が収監されていた大阪拘置所の所長が刑務官の教育目的で刑が執行されるまでの音声をテープに録音したことだ。1955年2月9日午前10時20分に保安課の職員が大谷を房から呼び出し、所長が「まことに残念だが、数日のうちに執行があるはずだ。これまで苦労したね」と告知するときから、教誨師の法話、実姉との面談、同囚による「蛍の光」の合唱、最後は刑場で大谷が立ち会いの所員らに上の言葉を発してから10秒後、読経が流れるなか、突然、「バターン!」と刑場の踏み板が落ちる音がするまでの53時間。この貴重な記録は2008年5月、文化放送の特番でオンエアされた。

# おかやん、おかやん、助けてくれよ、おかやん。

## 栃木雑貨商一家殺害事件

## 菊池正《きくちただし》

死刑確定……1955年6月28日
執行……1955年11月22日（享年25）
処刑地……宮城刑務所

1953年3月17日、現在の栃木県芳賀郡市貝町の雑貨商一家3人と使用人が惨殺される事件が発生した。2ヶ月後、東京在住の女性が被害者の腕時計を所持していたことを端緒に、事件現場のすぐ近くに住む女性の兄・菊池正（当時23歳）が逮捕される。取り調べでも公判でも素直に犯行を供述していた菊池だが、兄より「おまえのおかげで母親がいじめられ苦しんでいる」という手紙を受け取ったことで脱獄を決意。背表紙に金切り鋸を隠した本を差し入れてもらい鉄格子を切断し、最高裁で審理中だった1955年5月11日、「しばらくのあいだ命をお助けください」という書き置きを残して東京拘置所を脱獄する。行き先はもちろん実家で、11日後に菊池は張り込んでいた警官に身柄を拘束されるも、「頼む、ひと目でいいからおふくろに会わせてくれ」と懇願、警察官と新聞記者が見守る中で母親と1分半の対面を果たした。最期の言葉も、母親思いの男ならではの発言である。

# お先にっ！

## 坂巻《さかまき》脩吉《しゅうきち》

### 文京区小2女児殺害事件

死刑確定………1956年10月25日
執行………1957年6月22日(享年23)
処刑地………宮城刑務所

1954年4月19日、東京都文京区の元町小学校のトイレで、下着を口に詰められ暴行されたうえ、絞殺されている同校2年生の女児（当時7歳）の遺体が見つかった。警視庁は同月29日、トイレの配管から発見された容疑者のものと思われるイニシャル入りのハンカチを決め手に、ヒロポン中毒で問題ばかり起こしていた無職の坂巻脩吉（同20歳）を逮捕する。供述によれば、坂巻は静岡県の療養所で結核治療中だったが、事件当日は無断で外出。東京の友人宅に借金に行く途中に尿意を催し学校のトイレを借りた際、同じトイレ内で戸を少し開けて用を足している女児を見て欲情し、大声を出されたので殺害したのだという。当時、小学校は誰でも出入りでき、特にトイレは公衆便所の役割を果たしていた。裁判で死刑が確定した坂巻は執行当日、同房に「お先にっ！」と、まるで栄誉あることに選ばれたような元気な声で別れを告げ、刑場へと向かった。

# 古屋《ふるや》栄雄《ひでお》

## 人違いバラバラ殺人事件

# ふみえ〜！
# もう一度
# 会いたいよ〜！

死刑確定……1957年7月19日
執行……1959年5月27日（享年34）
処刑地……宮城刑務所

1954年9月5日、埼玉県入間郡高階村（現・川越市）で19歳の女性が殺害され、遺体をバラバラにされ遺棄された。2ヶ月後の11月、犯人として逮捕されたのは当時29歳の古屋栄雄。古屋は5年前にダンスホールで知り合った文江（ふみえ）という当時18歳の女性に一目惚れしたものの、彼女は古屋を相手にせず別の男性と結婚。それを一方的に恨んでの犯行だったが、実際に殺害されたのは、古屋が文江と思い込んだ全く別の女性だった。一審では無期懲役の判決が下され、判決を不服として迎えた控訴審。ここで文江が検察側の証人として法廷に立つ。思わぬ場面での再会だった。文江は明快に答えた。「古屋が自分を恋人だと思っているが、迷惑も甚だしい。私とは全くかかわりありません」。これを聞いた古屋が隠し持っていた竹べらを文江の右胸に突き立てた。幸い、命に別状はなかったものの、この一件で判決は死刑。執行寸前まで、古屋は未練がましく彼女のことを口にしていたという。

# 栗田《くりた》源蔵《げんぞう》
## おせんころがし殺人事件

# 生きたいんです。助けてください。

死刑確定………1954年10月21日
執行………1959年10月14日（享年32）
処刑地………宮城刑務所

1948年、闇の商売のブローカーとして生計を立てていた栗田は、三角関係のもつれから静岡県で交際女性を殺害。3年後の1951年8月、栃木県で子供を寝かしつけようとしていた主婦を強姦しながら絞殺し、同年10月、強姦した主婦とその子供２人を千葉県安房《あわ》郡《ぐん》小《こ》湊町《みなとまち》（現・鴨川市）にある断崖、通称「おせんころがし」から投げ落として殺害。さらに1952年１月に現在の千葉市花見川区で主婦とその叔母を殺した、日本の犯罪史上でも稀にみる凶悪犯である。上の言葉は、死刑確定後、仙台拘置支所から宮城拘置所に移送された際、面会に訪れた東拘の精神科医・加賀乙彦（後の作家）に涙ながらに言ったもので、「ここにいると1ヶ月に一度はお迎えが来るんです。とても嫌です。なんとしても生きたい。……夢が多いんですよ。胸の上に重たいモノが乗っかってきて、もがいてもちっとも動かない。必死になってもがくと小便をもらしているんです」と訴えたそうだ。

# 先生、ひどい。
# これは騙し討ちだ。

## 藤本《ふじもと》松夫《まつお》
### 菊池事件

死刑確定……1957年8月23日
執行……1962年9月14日（享年40）
処刑地……福岡拘置所

1951年8月、現在の熊本県菊池市の村役場衛生課職員の自宅にダイナマイトが投げ込まれ、同村の住民でハンセン病患者の藤本松夫（当時29歳）が容疑者として逮捕された。熊本地裁は、殺人未遂と火薬類取締法違反で懲役10年を言い渡すが、その直後の1952年6月、藤本は収監されていた同県の拘置所から脱獄し、ダイナマイト事件でけがを負った被害者職員を殺害。改めて逃走罪・殺人罪で起訴され、判決で死刑を宣告される。藤本はハンセン病患者への差別に基づく冤罪であると主張し、刑確定後も3度にわたり再審を請求。1962年9月14日、身柄を福岡拘置所に移送される。藤本はよもや自分が処刑されるとは思っていなかった。福岡拘置所の教育部長から「お別れたい」と言われた際も「先生は転勤されるとですか?」と言ったという。が、昨日再審請求が棄却されたことを聞かされようやく事態を把握。思わず口にしたのが、上の言葉だ。藤本は同日、絞首台の露と消えた。

# 彼女たちが私に殺されたという思いがどうしてベールを通してしか感じられないのだろう。

## 李珍宇《イ・チヌ》

### 小松川事件

死刑確定……1961年8月17日
執行……1962年11月16日（享年22）
処刑地……宮城刑務所

1958年8月17日、東京都江戸川区の都立小松川高等学校定時制に通う女子学生（当時16歳）が行方不明になり、4日後、同校の屋上で殺害遺体となって発見された。その後、犯人を名乗る男から読売新聞社に30分にも及ぶ電話がかかり、警察はその逆探知に成功するも、身柄確保に至らなかった。しかし、同年9月1日、警察は聞き込み捜査などから工員で同校定時制1年生の李珍宇（当時18歳）を逮捕。供述から、女子高生殺害より4ヶ月前の4月、23歳の賄い婦を強姦・殺害していたことも発覚する。事件の背景には李の貧困や朝鮮人差別の問題があったとされ、多くの知識人が助命を請願、被害者遺族からも減刑を望む声が寄せられた。が、下った判決は一審から上告審まで全て死刑。拘置所でカトリックの洗礼を受けた李は、被害者に対し上のような正直な心の内を口にしたという。ちなみに、執行から6年後に公開された大島渚の監督作「絞死刑」は本事件を題材としている。

# 身体を大事にしてください。生きる努力をしてください。それだけを願っています。

## 三枝《さえぐさ》賢《まさる》

熊本饅頭屋夫妻殺人事件

死刑確定……1960年12月16日
執行……1962年12月21日(享年26)
処刑地……福岡拘置所

1956年1月12日、熊本県玉名郡の饅頭屋の主人(当時48歳)と妻(同63歳)が行方不明となった。失踪前、近隣住民が派手な夫婦喧嘩を聞いており、当初事件性はないものと思われたが、2年後の1958年6月、妻の姪婿が屋内を掃除していたところ、長持(衣類や寝具を収納する木箱)の中からミイラ化した夫婦の遺体を発見。殺人事件と断定した警察は、夫婦失踪と時を同じくして行方がわからなくなった同店の店員・三枝賢が事件に関与したものとみて全国に指名手配し同年11月に逮捕、夫婦を殺害し遺体を隠した後、通帳を奪い逃走したとの自供を得る。一審で死刑判決を受けた三枝は控訴、上告するが、上告審で彼についた国選弁護人が「三枝被告は事実誤認、量刑不当などを上告理由にしているが、それは控訴審までの段階で主張すべきものである」と自ら弁護を放棄、刑が確定した。それから2年後、三枝は同房の囚人に上の言葉を残し、刑場へと消えていった。

# 騙し討ちにするのか！

## 孫《そん》斗八《とはち》
## 神戸洋服商殺人事件

死刑確定………1955年12月16日
執行………1963年7月17日(享年37)
処刑地………大阪拘置所

1951年1月17日、兵庫県神戸市生田区(現・中央区)で洋服商の経営者夫婦が撲殺された。10日後、窃盗・詐欺などの前科があった在日朝鮮人の孫斗八が逮捕される。孫は洋服商と顔見知りで、事件当日は真冬だったにもかかわらず薄着で入店。その姿に同情した洋服商からぜんざいや酒を振る舞われ、いったん帰宅したものの、1時間後、強盗目的で店に押し入り夫婦ともども殺していた。裁判で死刑を言い渡された孫は刑の執行を先延ばしにするため、六法全書を読みこなし「ラジオ放送を自由に選択できないのは違憲」など刑務官を片っ端から公務員職権濫用罪で告訴。さらには「文書図画閲読禁止処分に対する不服事件」で一部勝訴を得て、「絞首刑違憲訴訟」では裁判所より死刑執行停止命令を2回出させることにも成功する。が、執行のときは来る。上の言葉は当日、同房の囚人が聞いた孫の刑務官に対する叫び声で、孫はそのまま刑場へと連行されたという。

## 中村覚《なかむらさとる》

小千谷《おぢや》農家強盗殺傷事件

# あたたまる心に
# 清む身を愛しみ
# 獄の良書に灯に親しみみぬ

死刑確定………不明
執行………1967年11月2日(享年33)
処刑地………東京拘置所

1959年4月5日、過去に強盗殺人未遂を起こし特別少年院に収容されたこともある中村覚が新潟県小千谷市の農家に忍び込み、この家の夫を玄能で殴ったうえ、妻を絞殺して現金2千円(現在の約3万円)や時計、背広などを奪い逃走、数日後に逮捕された。1960年の新潟地裁での死刑判決後、中村は中学時代の美術教師の妻の勧めで短歌を詠むようになり、島秋《しまあき》人《と》の名で短歌誌に投稿、同年年末に『小説新潮歌壇』で佳作となり、1962年1月には『毎日歌壇』の窪田空穂選で初入選、その後も繰り返し入選を果たすうち、短歌を詠む死刑囚としてアメリカの雑誌『タイム』にも紹介されるまでになる。上は死刑執行20日前に毎日新聞に掲載された、彼が詠んだ最期の歌。ちなみに、歌人・島秋人の話はTBS系「3年B組金八先生 第5シリーズ」(1999年放送)の授業シーンでも取り上げられ、武田鉄矢演じる教師・坂本金八が生徒らに命の大切さを教えている。

# お母ちゃん、いま行くで、待っとれよ。

## 奥野清《おくの きよし》

### 大阪・住吉実母殺害事件

死刑確定……1964年2月7日
執行……1967年11月16日(享年42)
処刑地……大阪拘置所

1925年（大正14年）、風呂屋と雑貨屋を営む家庭の一人息子として大阪で生まれた奥野は高校中退後、主犯の男に誘われる形で強盗殺人に加担、懲役15年の刑を受け大阪刑務所に服役する。出所後、母親が開いていた漬物屋を手伝ったものの経営は火の車で、奥野は勝ち気な母に命じられるまま借金に奔走。勤めていた鉄工所の給料も全て母親に渡した。それでも母親から容赦のない叱責を浴びせられる毎日。しだいに奥野は母親への憎悪を募らせると同時に、母親を殺して家を売り、その金を借金返済に充てることを画策する。実行は1960年（昭和35年）6月8日、大阪市住吉区の自宅で扼殺したうえ、包丁とノコギリで遺体を切断、行李に詰め雑木林に遺棄した。が、犯行はすぐに発覚し逮捕。殺人の前歴もあったことから下った判決は死刑だった。上の言葉は、奥野が死刑執行寸前、目隠しをされた状態で呟いた一言である。

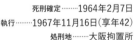

# 正田《しょうだ》昭《あきら》

## バー・メッカ殺人事件

これから、最後の夜を
母のために
すごすつもりです。
では先生、もういちど、
さようなら。

死刑確定……1963年1月25日
執行……1969年12月9日（享年40）
処刑地……東京拘置所

1953年7月27日、東京・新橋のバー「メッカ」の屋根裏から、当時40歳の証券ブローカーの撲殺遺体が発見され、現金41万円（現在の約650万円）が奪われていることが発覚した。ほどなく捜査線上に3人の男が浮かび、逮捕。主犯は慶應大学卒の元証券マン、正田昭（当時24歳）だった。正田は勤務先の証券会社で、交際女性の叔母を得意先に資金を運用していたが、顧客の株券・預り金を使いこんだため解雇され、彼女の叔母に金を返済すべく、以前から顔見知りの被害者をメッカに呼び寄せ、仲間2人と殺め、金を奪うに至った。裁判で謝罪の言葉を一切述べず、最高裁で死刑が確定。その間、正田はカトリックの洗礼を受けるとともに、創作活動に励み、1963年には小説『サハラの水』で雑誌『群像』の新人賞候補にもなっている。上記の文言は処刑前夜、弁護を担当していた正木亮に宛て書いた手紙の一節。当時、死刑は前日に知らされ、家族とも面会が可能だった。

# 小林《こばやし》カウ《かう》

## ホテル日本閣殺人事件

思い残すことも、言い残すこともありません。

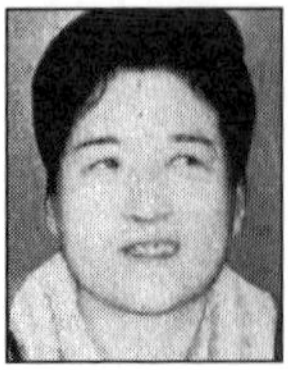

死刑確定……1966年7月14日
執行……1970年6月11日(享年61)
処刑地……東京拘置所

1960年2月、栃木県の塩原温泉郷にあるホテル日本閣の経営者（当時53歳）と妻（同49歳）がこつ然と姿を消した。1年後の2月、2人を殺害、死体を遺棄したとして、同ホテルの共同経営者である小林カウ(同52歳)と、ホテルの雑役係の大貫光吉(同36歳)が逮捕される。カウは1958年、同ホテルの経営が傾いていたことを知り色仕掛けで主人に接近、手切れ金を払ってくれれば妻と離婚し共同経営者として迎えるという話を聞き、まずは大貫に手間賃2万円で妻の殺害を依頼・実行。その8ヶ月後、宿の名義上のトラブルから、やはり大貫に手伝わせて主人を殺害。遺体は妻もろとも、ボイラー室の土間を掘り、そこに投棄した。カウは当初「死刑だけは勘弁してね」と看守や刑務官に色目を使っていたが、死刑が確定した後は改心し、最期には教誨師に落ち着いた口調で上のような言葉を残したそうだ。カウは戦後初めて死刑を執行される女性死刑囚として絞首台の露と消えた。

# 杉村《すぎむら》サダメ《さだめ》

## 女性連続毒殺魔事件

感謝の気持ちを
持ちながら
死んでいける私は幸せです。
ではお先にまいります。

死刑確定……1963年3月28日
執行……1970年9月19日（享年59）
処刑地……福岡拘置所

杉村サダメは1911年（明治44年）に生まれ、19歳で結婚。娘を授かるが、夫は酒癖女癖が悪く、1953年にメチルアルコール中毒で死亡。以降、サダメは妻子ある男性と不倫関係となり、貢ぐために借金を重ねていく。1960年、借金は総額16万円（現在の約256万円）にまで膨れ上がり、その返済を迫られていたため、農薬を使った強盗殺人を企てる。11月に姑、12月に隣家の主婦、顔なじみの行商人の女性２人。いずれも飲み物や食べ物に農薬を混入し、殺害後に金を奪うというものだが、得られた金は1万3千515円。３人を殺し、行商人の１人を植物人間にせしめた代償はあまりに安すぎた。同年12月29日、逮捕。裁判で死刑を宣告されたサダメは、当初こそ荒れ狂っていたものの、教誨師の導きで仏門に帰依して以降は模範囚として日々を過ごす。執行当日も穏やかで、拘置所の所長から別れを告げられると、上記の言葉を残し、処刑台まで歩を進めていったという。

# サヨナラ、ありがとう、元気で…。

## 本山茂久《もとやま しげひさ》

### 雅樹ちゃん誘拐殺人事件

死刑確定……1967年5月25日
執行……1970年10月29日(享年42)
処刑地……東京拘置所

東京都杉並区で歯科医院を開業していた本山は、妻帯者ながら料亭勤務の女性と関係を持ち大金を貢いでいた。それが妻にバレ、離婚と慰謝料を要求されるも、すでに愛人絡みで抱えた借金は200万弱。追い詰められた頭に浮かんだのが営利誘拐である。1960年5月16日朝、カバン製造会社社長の長男・雅樹ちゃん(当時7歳)が目黒駅付近で登校先の慶應幼稚舎へ向かうバスに乗ろうとした寸前、「君を迎えに行ってくれと、お母さんに頼まれた」と声をかけ車に拉致。その後、身代金200万円を要求する電話をかけるも取引は成功せず、18日に新聞が事件を報道したことで雅樹ちゃんを絞殺、遺体を杉並区の路上に遺棄する。逃亡先の大阪で逮捕された本山に下された判決は死刑。東京拘置所で服役しながら死刑囚たちの身の回りの世話をしていた小田敏夫によれば、執行当日、本山は廊下を歩きながら四舎二階(死刑囚監房)の仲間たちに上記の言葉をかけ刑場へ消えていったそうだ。

## 西口《にしぐち》彰《あきら》

西口彰連続強盗殺人事件

# 遺骨は別府湾に散骨してください。アーメン。

死刑確定……1966年8月15日
執行……1970年12月11日(享年44)
処刑地……福岡拘置所

キリスト教カトリックの家庭に生まれ、3歳の頃、両親の故郷である長崎・五島列島に渡った西口は16歳で詐欺を働いて以降、窃盗や恐喝など4度の前科を重ね、都合10年を刑務所で暮らした。初めて人を殺めたのは1963年10月、37歳のとき。福岡県行橋市で専売公社の職員2人を金目的で殺害し、その後指名手配がかかるなか詐欺を繰り返しながら全国を逃亡。静岡県浜松市で京都大学教授を騙り旅館の女将とその母親を、東京では裁判所で知り合った弁護士を殺害した。1964年1月、熊本で弁護士を装い教誨師の家に押し入った際、教誨師の当時11歳の娘が街に貼られていた手配書から、いま自分の家を訪れている男が西口と見抜いたことで逮捕。公判で裁判長から「悪魔の申し子」と称された西口は死刑確定から4年後に刑場の露と消える。上の言葉は処刑前に本人が口にしたものと言われ、他に「(すでに亡くなった)母より後に逝けるのが何よりの救いです」とも語ったそうだ。

# 小原《こはら》保《たもつ》

## 吉展《よしのぶ》ちゃん誘拐殺人事件

死刑確定………1967年10月13日
執行………1971年12月23日(享年38)
処刑地………東京拘置所

先生、お経は
私の手にかかって死んだ
村越吉展ちゃんの
冥福を祈って
あげてください。

1963年3月、東京都台東区入谷町に住む建築業者の長男(当時4歳)が身代金目的で誘拐され、7月に荒川区の寺の境内で白骨遺体となって見つかった「吉展ちゃん誘拐殺人事件」。日本の犯罪史に刻まれるこの大事件を起こした小原が、警視庁の刑事・平塚八兵衛の取り調べにより犯行を自供したのは1965年7月5日のこと。公判で確定した死刑執行の言い渡しはそれから6年後、処刑前日の1971年12月22日に行われた。獄中で教誨師と出会い改心、短歌に打ち込んできた小原の心はすでに落ちついていた。上の言葉は、執行当日の朝、辞世に何首か詠んだ後、刑場で教誨師に発したもの。続いて小原は「私も吉展ちゃんのために先生と一緒に唱和させていただきます。それが私の成仏に繋がるものと信じます」と口にしたそうだ。真人間に生まれ変わった小原の態度は最後まで静かで、目隠しをされたときも首にロープを巻かれたときも終始堂々としていたという。

# 片桐操《かたぎりみさお》

## 少年ライフル魔事件

僕は親不孝の
許しを乞い、
被害者の方の
冥福を祈りながら
静かに死んでいきます。

死刑確定……1969年10月2日
執行……1972年7月21日(享年25)
処刑地……宮城刑務所

1965年7月29日18時、東京都渋谷区北谷町(現・神南一丁目)で若い男が3人を人質に取り、警察と銃撃戦を繰り広げるという事件が起きた。犯人は当時18歳の片桐操。同日朝、片桐は現在の神奈川県座間市内の山林で、空気銃でスズメを撃っていたが、そこにたまたま通りかかった警察官に対し、所持していたライフル銃を発砲、死に至らしめる。その後、車で渋谷に移動し、銃砲店に押し入り武器弾薬を強奪、従業員3人を人質に店内に立てこもっていた。付近が騒然となるなか、警察が放り込んだ催涙弾に耐えかねて片桐は人質の女性2人を盾に路上へ。その隙を狙い警官が体当たりし、身柄を取り押さえた。裁判では、一審の無期懲役判決を、控訴審が矯正の余地なしとして死刑を宣告。最高裁もこれを指示し刑が確定した。執行はそれから3年後。上の言葉は処刑前、刑場で片桐が教誨師に願い出て口にしたもので、その後にも深い反省の言葉が続いた。

東京埼玉連続強盗殺人事件

# 中島《なかじま》一夫《かずお》

死刑確定……1969年6月28日
執行……1973年10月12日(享年40)
処刑地……東京拘置所

あの世で被害者に
お詫びできることを思うと
やはり死ぬことは喜びです。

1966年9月4日、東京都田無市（現・西東京市）でタクシー運転手の男性が絞殺され、金を奪われた挙げ句、布団蒸しにされ自宅に火をつけられるという事件が起きた。12日後の同月16日、埼玉県春日部市で一家4人が強盗に襲われ、幼い長男を除く3人が殺害される事件が発生。一見、何の繋がりもなさそうな2つの事件は同月22日、犯人の自首で1つに結ばれる。当時33歳の中島一夫が、両方とも自分の犯行であると自白したのだ。中島は両親と折り合いが悪く、盗みを働き過去に3度も少年院に入っていた。一審の死刑判決を控訴せずにそのまま確定。獄中では、教誨師の教えにより自分が犯した罪と真摯に向き合い、深い悔悟の念を抱くまでに生まれ変わり、執行当日は「覚悟はできているつもりでしたが、いよいよ今という時を迎えて、覚悟など、そんなものは必要のなかったことを思い知りました」と語り、最期に上記の言葉を残した後、処刑に臨んでいったそうだ。

# 天津《てんしん》七三郎《しちさぶろう》

## 仙台幼児誘拐殺人事件

雨はふるふる
城ヶ島の磯に
利久鼠の　雨がふる

死刑確定………1968年7月28日
執行………1974年7月5日(享年39)
処刑地………宮城刑務所

天津は1956年、新東宝の二枚目俳優としてデビュー、映画やテレビの時代劇で活躍していた。が、1962年にヒロポンの常習で逮捕されたことで仕事がなくなり、生まれ故郷の仙台に戻り、母親と妻との3人暮らしを送る。しかし、一時であれ銀幕の華々しい日々が忘れられず、知人から借金してまで派手な生活を続け、債務がどんどん膨れ上がる。そこで、以前、仕事で顔見知りとなった金融会社社長の三男を身代金目的で誘拐することを計画。1964年12月21日、幼稚園職員になりすまして電話をかけ、当時5歳の三男を社長宅から呼び出して誘拐する。が、車中で泣き叫ばれて絞殺し、自宅の物置に遺棄。その後、電話で身代金500万円を要求したものの、引渡し場に待機していた捜査員によって現行犯逮捕される。裁判では一審の無期懲役が、二審で逆転死刑判決となりそのまま確定。執行当日は、上の文句で始まる「城ヶ島の雨」を最後まで朗々と歌っていたという。

# 堀越《ほりこし》喜代八《きよはち》

## 横浜母子強盗殺人事件

# どうか皆さん、ぼくの冥福を祈って成仏できるよう助けてください。

死刑確定………不明
執行………1975年12月7日(享年37)
処刑地………東京拘置所

1967年3月15日、神奈川県横浜市戸塚区のアパートに住む25歳の主婦と1歳3ヶ月の幼子が殺害された。1週間後に逮捕されたのは、被害女性や彼女の夫と以前から顔見知りだった堀越喜代八(当時28歳)。犯行決行日は自身の結納の日だったが、「結納金の補填」という身勝手な理由で、主婦に借金を申し込み、これを断られたことに腹を立て母子ともども殺害、盗んだ郵便通帳で約5万円を下ろす。郵便局に残した支払い伝票の指紋と局員が覚えていた容貌から堀越が割り出され、22日に身柄を拘束。裁判で死刑が確定し、当初は恐怖で荒れ狂う日々を送っていた。しかし、教誨師との対話で徐々に落ち着きを取り戻し、執行日は刑場の仏間で「今となっては何をどうすることもできません。ただ、自分は誠実な償いをしようと思います。無事にあの世に行かせていただけなければ、被害者に会ってお詫びをすることもできません」と言った後、上の言葉を口にし絞首台へ向かった。

# 叫びたし、寒満月の割れるほど

## 西《にし》武雄《たけお》

福岡事件

死刑確定……1956年5月4日
執行……1975年6月17日(享年60)
処刑地……福岡拘置所

終戦から2年後の1947年5月、福岡市で軍服の取引にからみ、日本人と中国人の商人2人が殺害された。警察は計画的強盗殺人事件として捜査し、取引の手付金を手にしていた西武雄(当時32歳)を主犯、2人を撃った石井健治郎(同30歳)を実行犯、他5人の男を共犯として逮捕した。取り調べ段階から西は事件との関与を否定、石井は「撃たれると思ったから撃った」と正当防衛を主張するも下った判決は両者ともに死刑だった。ところが、2人の運命は分かれる。刑確定から19年後の1975年6月17日、石井が恩赦で無期懲役に減刑されたにもかかわらず、西には恩赦不適当と死刑執行が同時に伝えられたのだ。上は執行直前に西が詠んだ辞世の句で、無罪を叫ぶものだった。その後、石井は1989年に仮釈放となり、刑務所で教誨師をしていた古川泰龍のもとに身を寄せ、自身と西の冤罪を主張。2005年には6度目の再審請求を行っている(石井は2008年、91歳で死去)。

# 大久保《おおくぼ》清《きよし》

## 大久保清連続婦女暴行殺人事件

# クック……。

死刑確定………1973年3月9日
執行………1976年1月22日(享年41)
処刑地………東京拘置所

1971年3月〜5月、群馬県一帯で150人もの若い女性が、最新のスポーツカーに乗りベレー帽を被った自称画家の男にナンパされ、このうち16歳〜21歳の計8人が殺害される事件が起きた。目撃証言から逮捕されたのは当時36歳の大久保清。小学6年のとき幼女を麦畑に連れ込み性器に石を詰め込んだのを皮切りに、強姦事件を起こすこと3回、懲役で2度の刑務所暮らしを送った男である。逮捕後、大久保は刑事に悪態をつき、取り調べでも、俺は人間じゃない、冷血動物だといっぱしの悪党を装った。しかし、死刑判決を受け、いよいよ執行の段階になると、恥ずかしげもなく正体をさらす。恐怖で全身を震わせ、その場で腰を抜かして座り込み、拘置所の所長が促した「最期の言葉」にも何の返答もできなかった。が、首にロープがかけられたそのとき、大久保は初めて「クック……」と声を出す。それが笑い声だったのか、泣き声だったのか、知る者はいない。

## 山本宏子《やまもとひろこ》

菅《すが》野《の》村《むら》強盗殺人・放火事件

# 入学の 母を忘れて
# くれればよし

死刑確定………1951年7月10日
死亡………1978年3月4日(病死。享年63)
死亡地………奈良県の療養所

1949年6月10日、兵庫県飾磨郡菅野村(現・姫路市)の主婦、山本宏子(当時34歳)が知人の老夫婦から借金を断られた腹いせに、老夫婦宅に強盗目的で侵入。老夫婦の妻を鎌で殺害後、現金1万8千円などを奪い、妻の遺体に火をつけ逃走、5日後に逮捕された。山本は当時、7人の子供を育てていたが、婿養子である夫は病弱で怠け者だったため常に金策に苦しんでいた。最高裁で死刑が確定した女性は戦後初で、山本は収監当初、浄土真宗の門徒となり、俳句を詠んだりしており、模範囚として過ごしていた。上の句も、残してきた幼い子供たちへの思いを詠んだものだが、1953年から顕著な異常言動が現れる。中央更生保護審査会は1969年、犯行当時、生活苦で動機に同情すべき点があることや、長年の拘置生活で拘禁症を患っていることなどから無期懲役に減刑。山本はその後、和歌山刑務所に移送されたものの結核を患い、最後は奈良県の療養所で病死した。

# 殺られてたまるかあっ！

## 佐藤虎美《さとうとらみ》

### 藤沢市女子高生殺害事件

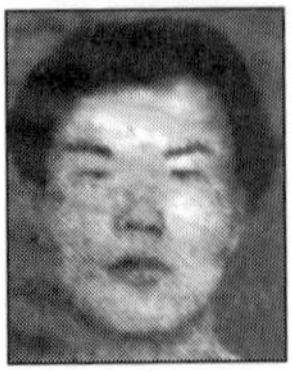

死刑確定……1972年10月26日
執行……1982年11月25日（享年41）
処刑地……東京拘置所

1967年1月13日、神奈川県藤沢市で帰宅途中の女子高生が、当時25歳の建設作業員、佐藤虎美に強姦・扼殺され、死体を荒れ地に埋められた。佐藤は中学卒業後、巨漢を生かし力士になろうと、同郷出身の関取を頼り上京するが、身長不足のため弟子入りは叶わず、その後、土工・炭坑夫に就くなか、窃盗、強盗・婦女暴行事件などを起こし、懲役5年以上10年以下の不定期刑に処された過去があった。一審判決は無期懲役だったものの、控訴審で逆転死刑判決、最高裁がこれを支持し、刑が確定する。執行当日、佐藤はよもや処刑されるとは思っていなかった。執行の言い渡しは前日が慣例。だが、すでにルールが変わっていた。「非常に残念だが、君とはお別れしなくてはならないんだ」と宣告する拘置所の所長に佐藤は「殺られてたまるかあっ！」と叫び、刑場でも刑務官らを投げ飛ばしたり、腕を振り回すなど大暴れ。それを取り押さえ執行を終えるまでには50分を要したという。

# 古谷《ふるたに》惣吉《そうきち》

## 古谷惣吉連続殺人事件

# お前ら、殺したろうか！
# 俺はあと何人殺しても
# 一緒だ！

死刑確定………1978年11月28日
執行………1985年5月31日（享年71）
処刑地………大阪拘置所

古谷惣吉は1965年10月〜12月にかけ、近畿・九州地方において強盗目的で独居老人8人を殺害した極悪非道の犯罪者である。その凶悪ぶりは逮捕後も変わらず、取り調べの際には「お前の顔が変形するほど殴ってやりたい」と捜査員を容赦なく恫喝、一審の公判では検察官に「やめろ！　でたらめな論告をするな」と怒鳴り、制止を振り切って殴りかかろうとした。上の台詞は、室外での運動中に抜き打ちで居室の検査を行っていた刑務官たちに対し放ったもので、実際、古谷は死刑確定後の1982年12月、自分の可愛がっていた若い死刑囚が他の死刑囚に接近しようとしたことに嫉妬し、集会所で彼ら２人を隠し持っていた凶器で襲い、重傷を負わせている。死刑執行は逮捕から20年後。その寸前、自分を取り調べたことのある元刑事宛てに送った手紙には「厚恩を背負いてのぼる老いの坂、重きにたえず涙こぼるる」という短歌らしきものが書かれていたという。

# うれしいことです。自分は無罪に違いないのです。

## 平沢《ひらさわ》貞通《さだみち》
帝銀事件

死刑確定……1955年4月6日
死亡……1987年5月10日（病死。享年95）
死亡地……八王子医療刑務所

1948年1月26日、東京都豊島区長崎の帝国銀行（現・三井住友銀行）椎名町支店に現れた男が、行員らを騙して12名を毒殺し現金と小切手を奪った、いわゆる帝銀事件。この犯人として逮捕されたのが当時55歳の画家、平沢貞通である。平沢は取り調べで犯行を自供するも公判では一貫して無罪を主張。しかし、最終的に下った判決は死刑だった。その後、平沢は収監されていた東京拘置所から仙台拘置支所に身柄を移され（当時、東京拘置所には執行施設がなかったため）、繰り返し再審を請求する。上の台詞は平沢がいずれ自分の無実が証明されると信じていた1969年、拘置所に面会に訪れた共同通信のカメラマン・新藤健一が、衆院法務委員会で平沢は無罪であり釈放すべきとの話が出ていることを伝えた際、本人が返した言葉である。が、その願いは叶えられることなく、95歳で肺炎により死亡。事件は旧日本軍の731部隊出身者とGHQが企てたものとの見方が強い。

## 渡辺《わたなべ》健一《けんいち》

### 寝屋川夫婦殺害事件

# ウソやろ、かなわんなあ。

死刑確定……1980年11月6日
執行……1988年6月16日（享年51）
処刑地……大阪拘置所

1975年8月23日、大阪府寝屋川市の公団住宅に住む23歳と22歳の新婚夫婦が殺された。ほどなく逮捕されたのは、当時38歳のタクシー運転手・渡辺健一。金に困っていた渡辺は以前、自分の車に乗った中年男性客が家の鍵を忘れていったため、客の住む団地と部屋を確認したうえ、それを使い斧を手に強盗目的で侵入する。が、いざ鍵の持ち主宅に入ってみると、そこにいたのは、中年男性客から部屋を借りていた新婚夫婦。渡辺は一瞬驚くも、彼らを何度も斧で切りつけたうえ、金の在処を吐かせるため指や足首を切断、死に至らしめる。死刑執行当日、渡辺はよもや自分の名前が呼ばれるとは思っていなかった。実はこの日、徳島母子殺害事件の犯人の死刑が執行されたため、今日はもちろん、当分死刑執行はないと安心していたらしい。そこに、よもやのお告げ。渡辺は唖然としながら上の言葉を口にし刑場に消えていったそうだ。

# 木村《きむら》修治《しゅうじ》

## 名古屋女子大生誘拐殺人事件

（2人の息子に向け）

# お父さんは、弱い人間でした。

死刑確定……1987年8月6日
執行……1995年12月21日（享年45）
処刑地……名古屋拘置所

妻子持ちの寿司職人だった木村が、不倫やギャンブルで作った約2千800万円の借金返済に窮し、中日新聞告知板欄で家庭教師の働き口を求めていた愛知県名古屋市の金城学院大学に通う当時22歳の女性を誘拐・殺害するのは1980年12月2日のこと。その後、木村は被害女性宅に3千万円の身代金を要求する電話をかけるも失敗。翌1981年1月、逮捕される。控訴審の最中、キリスト教に帰依。自分が犯した罪を深く反省するとともに、般若心経の写経に取り組み、死刑が確定する直前の1987年には2人の息子に最初で最後の手紙を書く。上の文言はその中の一節で、木村はこれに続き「あなたたちには大きな、本当に大きなハンディがあります。それでも、一生懸命生きてほしいのです。一生懸命に生きてこなかったことをお父さんは今、一番悔んでいるのです」と綴っている。処刑されたのはそれから8年後のことだ。

# 自分は（死刑執行のときに）徹底的に抵抗し、無残な遺体になるかもしれない。

## 永山《ながやま》則夫《のりお》

永山則夫連続射殺事件

死刑確定……1990年5月9日
執行……1997年8月1日（享年48）
処刑地……東京拘置所

1968年10月から11月にかけ、東京・京都・北海道・愛知の４都道府県で拳銃を用い、男性４人を相次いで射殺した永山則夫。犯行当時19歳だった未成年の凶悪犯罪に世間は震撼し、その裁判は大きな注目を集めた。一審の死刑判決が控訴審で無期懲役に減刑されたものの、最高裁が審理を東京高裁に差し戻し（この際、最高裁が提示した具体的な死刑適用基準、以降「永山基準」と呼ぶように）、再び死刑判決。上告も棄却され死刑が確定する。この間、永山は獄中で手記『無知の涙』を執筆、1971年に合同出版から刊行されベストセラーになり、1983年には小説『木橋』が第19回新日本文学賞を受賞するなど文学的才能を発揮する。上の文言は処刑４日前に記したメモの一節で、永山はそのとおり執行当日朝、「面会だ」と告げられ廊下に出ると複数の刑務官が自分を取り囲んでいることで、状況を察し激しく暴れる。が、瞬時に制圧され刑場へと連行されたという。

# 神様のところに行きます。

## 福山市学童誘拐殺人事件

## 津田暎《つだあきら》

死刑確定……1991年6月11日
執行……1998年11月19日（享年59）
処刑地……広島拘置所

1984年2月13日、広島県福山市で小学3年生の男子児童（当時9歳）が誘拐・殺害される事件が起きた。犯人は男児が所属する少年ソフトボールチームのコーチを務めていた会社員の津田暎（同44歳）。消費者金融や親族から借りた約1千360万円の返済を迫られていた津田はこの日の夕方、下校中の被害児童と出会い、自分の車に乗せ「バレンタインデーのチョコレートを買ってやる」と市内のデパートなどを連れ回したが、児童が家に帰りたいと激しく泣き出したため、駐車場に車を停め児童の首を絞めて殺害、遺体を石碑のそばの斜面から投棄する。その後、児童の両親に、キャッシュカードや身代金1千万を要求するなど8回にわたり電話をかけるも、逆探知と目撃証言から翌14日に逮捕。上告審まで争ったすえ、死刑が確定する。津田は獄中でキリスト教に帰依、聖書を読んで過ごしており、最期に刑場で「神様のところに行きます」と言い残し絞首台へと歩みを進めたそうだ。

# くそ、俺のホースバンドを盗みやがったのは誰だ！

## 大石国勝《おおいしくにかつ》
### 佐賀隣人一家殺人事件

死刑確定……1995年4月21日
執行……2000年11月30日（享年55）
処刑地……福岡拘置所

1983年5月14日、佐賀県鳥栖市の会社員・大石国勝（当時38歳）宅の水道用ホースバンドを固定する金具（価格240円）が失くなった。「くそ、俺のホースバンドを盗みやがったのは誰だ！」。大石は窃盗されたものと思い込み、犯人捜索のため会社を欠勤し、近隣住民に聞き込みを行う。結果、以前に自身が所有するトラクターの電気配線にいたずらをしたことを認めた隣家の主人（同38歳）宅の長男（同13歳）が犯人ではないかと憶測。16日夕方、隣家宅に押しかけ問い詰めたが、逆に主人から怒鳴られたことに激昂。自宅に引き返し、出刃包丁で主人と妻（同36歳）を刺殺したうえ、恐怖で逃げ惑う長男を100メートルも追いかけ殺害し、その場で現行犯逮捕された。公判では大石に精神科への通院歴があったことから犯行時の心神状態が争点となったが、最高裁は大石の妄想型人格障害を認めながらも「3人の人命を次々と奪った責任は大きい」と死刑を宣告した。

# 目隠しを取ってくれませんか。もう一度、先生(教誨師)の顔が見たいんです。

## 勝田《かつた》清孝《きよたか》

勝田清孝事件

死刑確定……1994年2月5日
執行……2000年11月30日(享年52)
処刑地……名古屋拘置所

日本犯罪史にその名を刻む勝田清孝。消防隊員という表の顔を持ちながら、1972年から1983年までの12年間で8人(自供では22人)の女性を殺害した稀代のシリアルキラーだ。犯行は当初、金を持っていそうな水商売の女性の跡を付け自宅に侵入、騒がれると絞殺するのが手口で、殺人を重ねていた1977年7月にはABCテレビのクイズ番組「夫婦でドンピシャ!」に妻と出演し優勝したのだから、その大胆さに驚愕する。同年12月以降は銃による連続強盗殺人に犯行をエスカレートさせるも、1983年1月、名古屋市で銀行から金を下ろしたばかりの男性を銃で襲った際、取っ組み合いとなり、騒ぎを聞きつけた行員らに身柄を取り押さえられた。当然ながら判決は死刑。執行当日、勝田は両親と義姉に宛てた遺書を書き終えた後、タバコを一服してから刑場へと向かい、最期に刑務官に上記の言葉を発し、被害者の名前を挙げながら「ごめんなさい」とつぶやいたそうだ。

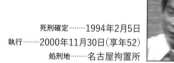

# 残念です……。

## 長谷川敏彦《はせがわとしひこ》

愛知連続保険金殺人事件

死刑確定……1993年9月21日
執行……2001年12月27日(享年51)
処刑地……名古屋拘置所

1979年、自動車板金業を営む長谷川はスナック経営に手を出し失敗、多額の借金を抱えていた。そこで同店従業員の井田正道と共謀し、同年11月、店の客だった当時20歳の男性に保険金をかけ、釣り船から海に突き落として殺害。しかし警察が自殺と処理したため、保険金受け取りに失敗する。4年後の1983年1月、長谷川と井田は、雇っていた男性運転手を殺害、遺体を載せたトラックを転落させ、事故を装い保険金2千万円の受け取りに成功する。同年12月、さらに2人は長谷川が借金をしていた闇金融業者の男性を殺害。アタッシュケース等を強奪のうえ、錨を付けて遺体を海に遺棄した。1984年4月、金融業者の男性の死体が海から浮き上がったことで犯行が発覚し、逮捕。両人ともに死刑判決が下り、控訴しなかった井田は1998年11月に執行(享年56)。上告審まで争い死刑確定した長谷川は執行当日、第三次恩赦出願の準備中だったことから「残念です」と言い残し処刑された。

# 田本《たもと》竜也《たつや》

## 熊本大学生誘拐殺人事件

# 犯罪者って別に違う世界から来た人間じゃなくて皆の周りで生まれた普通の人間ですからね。

死刑確定……1998年4月23日
執行……2002年9月18日（享年36）
処刑地……福岡拘置所

1987年9月14日、熊本県玉名市で不動産業などを営む資産家の息子の男子大学生（当時21歳）が殺害される事件が起きた。犯人は男性4人グループで、主犯は被害者の小学校時代の同級生である田本竜也（同21歳）。男子学生とは親しい間柄だったが、田本の父親が暴力団員だったことから、酒の席で男子学生より「ヤクザなんて金でどうにでもなる」と言われたことを根に持っていたらしい。田本らはこの日、地元に帰省し交際中の女性とドライブに出かけた被害男性を尾行、同市郊外の公園内に車を停めたところを襲い、頭をめがけてコンクリートブロック片を次々と投げつけ殺害し、遺体を近くの斜面から突き落とした。田本らは女性を強姦した後、被害男性の父親の会社に身代金5千万円を要求する電話をかけるも、受け取り場所には現れず、その後まもなく全員が逮捕される。下った判決は田本のみが死刑。時期は不明ながら、田本は生前、上の言葉を口にしたそうだ。

# 私の残り時間は
# ますます
# 心細くなるばかりで
# 焦燥は隠せません。

## 冨山《とみやま》常喜《つねき》

波《は》崎《さき》事件

死刑確定……1976年4月1日
死亡……2003年9月3日（病死。享年86）
死亡地……東京拘置所

1963年8月26日深夜、茨城県鹿島郡波崎町（現・神栖市《かみすし》）の男性（当時35歳）が帰宅後に苦しみだし、搬送先の病院で死亡した。遺体から青酸化合物が検出されたことに加え、男性が生命保険に加入していたことから、警察は保険金殺人事件として捜査を開始。ほどなく、被害者の従姉妹の内縁の夫である冨山常喜（同46歳）が私文書偽造の容疑で逮捕され、1959年に起きた殺人未遂事件にも関与している疑いが強まったため、検察は冨山を殺人罪などで起訴する。冨山は取り調べの段階から一貫して身の潔白を訴え、公判でも無罪を主張したが、一審、二審ともに判決は死刑。最高裁が上告を棄却したことで刑が確定する。その後、二度にわたる再審請求も棄却。上記の文言は冨山が2000年に支援者に出した手紙に書かれたもので、その後、呼吸不全状態が常態化するようになったにもかかわらず、満足な医療は受けられず、最後は慢性腎不全で獄死した。

# ありがとうと僕が言っていたと（獄中結婚した）妻に伝えてください。

## 宅間守《たくままもる》
## 附属池田小事件

死刑確定……2003年9月26日
執行……2004年9月14日（享年40）
処刑地……大阪拘置所

2001年6月8日、大阪府池田市の大阪教育大学附属池田小学校で悪夢のような惨劇が起きた。近所に住む無職の宅間守（当時36歳）が出刃包丁を手に校内に侵入、児童８人（うち2年生が7人）を刺殺し15人を負傷させたのだ。犯行動機は社会に対する憎悪で、富裕層の子供が通う同校で恨みを晴らすという身勝手極まるものだった。宅間は、大阪地裁の一審公判でも口笛を吹いて入廷するなど反省の態度は見せず、下された死刑判決も控訴せず、自ら刑を確定させる。主任弁護士には「6ヶ月以内、できれば3ヶ月以内の死刑執行を望む」旨、手紙を送った。その希望を叶えるかのように、死刑確定から１年弱という異例のスピードで執行のときはやってくる。当日朝、宅間はリンゴジュースを飲み、獄中結婚した妻に対し上記のような感謝の言葉を刑務官に託した後、絞首台に立ったが、犠牲になった児童や遺族への謝罪は最期まで口にしなかったという。

# 私は77歳ですよ。それでもあなた方は執行するんですか。

## 秋山《あきやま》芳光《よしみつ》

秋山兄弟事件

死刑確定……1987年7月17日
執行……2006年12月25日（享年77）
処刑地……東京拘置所

1975年、秋山（当時47歳）は実兄（同52歳）が経営する都内の紙工場で経理を担当していたが、経営不振で倒産。兄ともども多額の借金を抱えていた。そこで、兄と共謀し自身の妻の保険金殺人を目論み、交通事故を装い殺害しようとするも失敗。その後、自分に生命保険をかけ、兄に金槌で頭部を殴打させた結果、全治1ヶ月の重傷を負い保険会社から60万円を詐取する。同年8月、兄と共謀し、知人の会社経営者に「密輸貴金属の払い下げがある」と偽の情報を伝え自宅に呼び出し、バットで頭部を数回殴打し撲殺。男性が所持していた現金約1千万円を強奪する。その後の捜査で秋山兄弟の関与が発覚し逮捕。裁判では「主犯は兄である」と主張したが認められず極刑を下された（兄は無期懲役）。執行は事件発生から実に31年後。もはや自分が首を吊られることはないと確信していた秋山は、お告げを知り驚愕。上記の言葉を刑務官に口にした。77歳での執行は戦後最高齢である。

# キリストに出会えて本当によかった。

## 藤波《ふじなみ》芳夫《よしお》

### 今市4人殺傷事件

死刑確定……1993年9月9日
執行……2006年12月25日(享年75)
処刑地……東京拘置所

1981年3月29日、栃木県今市《いまいち》市(現・日光市)で2人が殺され、2人が重傷を負う事件が発生した。犯人の藤波芳夫(当時49歳)は賭博・窃盗・恐喝・覚せい剤取締法違反など前科11犯で、1979年に出所したものの1980年6月に妻と協議離婚する。それでも藤波は元妻をあきらめきれず執拗に居場所を探ろうとする。しかし、頑として居場所を教えない元義兄夫婦に腹を立て、酔った勢いで2人をナイフで刺殺、その他親族2人を負傷させた。翌日逮捕された藤波には裁判で死刑が確定。その後、キリスト教に帰依した。執行当日は車椅子に乗りながら笑顔で刑場に入り、手錠をかけられ目隠しをされた状態で「私は取り返しのつかないことをしてしまいました。被害者にお詫びします。キリストに出会えて本当によかったと思います」と言い、さらに教誨師に「イエスさまにお会いしたら先生がいつまでも牧師の務めを果たせるようにお伝えします」と口にし、処刑されていったという。

# 魔法をかけられている。

## 藤間静波《ふじませいは》

### 藤沢市母娘ら5人殺害事件

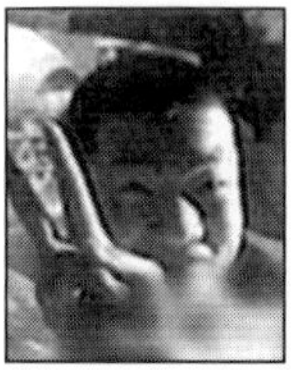

死刑確定……2004年6月15日
執行……2007年12月7日(享年47)
処刑地……東京拘置所

1982年5月27日、窃盗など複数の非行歴があった藤間静波(当時21歳)が神奈川県藤沢市の会社員に長女(同16歳)との交際を断られたことを根に持ち、元ゲームセンター店員の少年(同19歳)を仲間に会社員宅に押し入り、長女、次女(同13歳)、妻(同45歳)の3人を次々と刺し殺した。少年は廊下で見張りをしていただけだったが、9日後の6月5日夜、犯行の発覚を恐れた藤間に、逃亡先の兵庫県尼崎市内で殺害される。藤間はこれに先立つ1981年10月6日早朝、神奈川県横浜市戸塚区のキャベツ畑で、金のいざこざから盗みの仲間の無職男性(同20歳)も刺殺していた。藤間は裁判で一切の反省を見せず、一審の死刑判決言い渡し直後、「自分の世界で一番好きな人は稲川聖城さん(暴力団・稲川会総裁)」と、傍聴席を振り返って両手でVサイン。控訴審でも「魔法をかけられている」と発言するなど、奇行を繰り返す。刑確定は事件から22年後、執行はその3年後だった。

# まだ憎い。

## 徳之島兄家族殺傷事件

## 名古《なご》圭志《けいし》

死刑確定………2004年8月26日
執行………2008年2月1日(享年37)
処刑地………福岡拘置所

2002年2月、鹿児島県大島郡徳之島出身の無職・名古圭志（当時32歳）が実家に帰省した。そこで、団体職員の兄（同42歳）の言動から自分を無視していると邪推、恨みを募らせる。その年のお盆に帰省し、夏祭りの舞台背景を作る仕事で知人男性とトラブルになった際も、兄が男性をかばったと思いこんで激怒、8月16日に兄の家に押し入り、兄の妻（同40歳）、長女（同17歳）を刺身包丁で刺殺、二男（同13歳）にも重傷を負わせた。犯行後、自ら徳之島署に出頭し、その場で逮捕。殺人罪で鹿児島地裁に起訴された名古は2003年12月19日の公判で兄への気持ちを問われ「まだ憎い。理由は分かってもらえないだろうから言わない」と供述。さらに「どういう刑罰を受ける覚悟があるか」との問いかけには「殺したことに対しては死刑です」と答え、弁護士に謝罪を促されても「今さら弁解したくない」とだけ話した。一審の死刑判決を控訴せず確定。3年半後、刑場の露と消えた。

# JT女性社員強姦逆恨み殺人事件

## 持田孝《もちだ たかし》

# 謝ってくれれば殺さなかった。

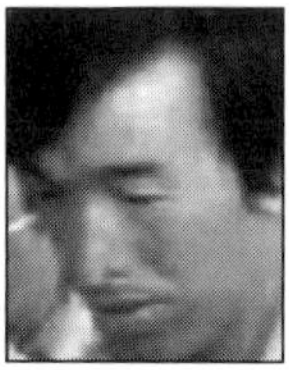

死刑確定………2004年10月13日
執行………2008年2月1日（享年65）
処刑地………東京拘置所

1997年4月18日夜、東京都江東区大島の団地内で、JT（日本たばこ産業）の女性社員（当時44歳）が刺殺された。犯人として逮捕されたのは元建設作業員の持田孝（同54歳）。持田は1989年、飲食店で知り合った被害女性を強姦、全治2週間のけがを負わせ、懲役7年の刑を受け服役していたが、このとき女性が警察に通報したことが逮捕に繋がったものと恨み、8年後、お礼参りのため犯行に及んだのだった。ちなみに、持田は1976年、交際中の家出少女（同16歳）が別れ話を切り出したことに逆上し、広島市内のホテルで殺害、懲役10年の前科があった。公判で持田は「（被害女性が）警察に通報したことを謝ってくれれば殺さなかった」と供述、1989年の強姦致傷事件に関しては「彼女にも落ち度があった。見知らぬ男から声をかけられれば注意するのが普通」と口にし、傍聴席から罵声を浴びている。一審の無期懲役判決が控訴審で棄却され死刑判決。最高裁で確定3年半後に処刑された。

## 東京・埼玉連続幼女誘拐殺人事件

## 宮﨑《みやざき》勤《つとむ》

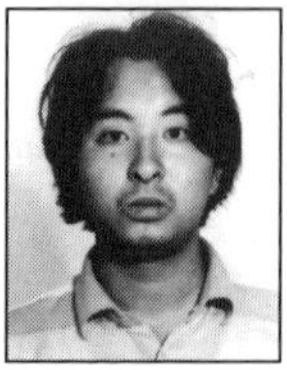

# あのビデオ、まだ途中だったのに。

死刑確定………2006年2月1日
執行………2008年6月17日(享年45)
処刑地………東京拘置所

1988年から1989年にかけ東京都や埼玉県で4歳から7歳までの幼女4人を殺害、その遺骨を遺族のもとに送り付けるなど残虐非道の行為を犯したにもかかわらず、宮﨑は自分に下された死刑に怯えていた。刑確定後の2006年、雑誌『創』の編集長に宛てた手紙には「踏み板がはずれて下に落下している最中は、恐怖のどんぞこにおとしいれられるのである」と絞首刑を批判。2007年の書簡には「私は刑執行時は死の恐怖とたたかわねばならなくなるから、反省や謝罪のことなど全く考えられなくなる」とも記していた。そんな身勝手な精神状態のなか、宮﨑の唯一の楽しみが独房でのアニメビデオの鑑賞で、スタジオジブリの作品がお気に入りだったという。上記の言葉は、執行当日、迎えにきた刑務官に連れられ刑場へと向かう廊下で言ったとされるもの。死刑の現実から逃れるため、宮﨑はアニメビデオに逃避し、全ては空想の出来事と思い込もうとしていたのかもしれない。

# 陸田真志《むつだしんじ》

## SMクラブ下克上殺人事件

# 池《いけ》田《だ》晶《しょう》子《こ》さんのところに行けるのはこの上もない幸せです。

死刑確定………2005年10月17日
執行………2008年6月17日（享年37）
処刑地………東京拘置所

1995年12月21日、東京・五反田のSMクラブ従業員、陸田真志（当時25歳）が給料などの待遇面に関するトラブルから店の乗っ取りを画策し、同じく従業員だった双子の兄と共謀し店長（同33歳）を殺害。さらにクラブの経営者（同32歳）をハンマーで殴打、ナイフで何度も突き刺して殺し、遺体を茨城県の鹿島港に投棄した。その後、クラブは陸田が経営し、1996年8月までに1億3千万円の利益を出すも、同月に事件が明るみに出て逮捕。陸田には死刑が宣告される（共犯の兄は無期懲役で確定）。一審判決2ヶ月前の1998年4月、陸田は拘置所で文筆家・池田晶子の著書『さよならソクラテス』を読み自分の罪を心から反省、池田に御礼の手紙を出し、以降2人の間で23通が交わされる。が、池田は陸田の死刑が確定した翌々年の2007年2月、腎臓がんのため46歳で死去。1年後の執行当日、尊敬していた池田のもとに行けると語った陸田の言葉は嘘偽りのない本音だった。

大阪地下鉄短大生殺人事件

## 萬谷《まんたに》義幸《よしゆき》

# 再審申立を行ったのは<br>強盗目的は無罪だからです。

死刑確定………2001年12月6日
執行………2008年9月11日（享年68）
処刑地………大阪拘置所

1988年1月15日夜、無職の萬谷義幸（当時47歳）は、大阪市にある地下鉄の駅の階段で通行人から金を奪おうと待ちかまえていた。そこに女子短大生（同19歳）が近づいてきたため、萬谷は包丁を突きつけ脅す。が、彼女が大声を上げたので、左右の胸を突き刺して殺害。何も盗らずにそのまま逃走した。萬谷は他にも、1987年8月、大阪市で当時19歳の女性の背中を果物ナイフで突き刺し逃走、同年9月には18歳の女性の頭を金属パイプで殴り現金600円入りのセカンドバッグを奪っていた。逮捕は1989年1月。裁判では上告審まで争ったが、最高裁が死刑を下し刑が確定する。上の文言は2008年7月、「死刑廃止国際条約の批准を求めるフォーラム90」による当時の確定死刑囚105人に対するアンケートの結果を1冊にまとめた『命の灯を消さないで　死刑囚からあなたへ』（2009年4月、インパクト出版会刊）に載った萬谷の回答だが、死刑は本の出版前に執行された。

# 久間《くま》三千年《みちとし》

## 飯塚事件

# 私はやってない。

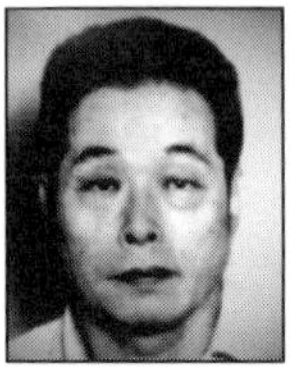

死刑確定……2006年9月8日
執行……2008年10月28日(享年70)
処刑地……福岡拘置所

1992年2月20日、福岡県飯塚市で小学1年の女児2人(共に当時7歳)が行方不明になり、翌21日に山林で他殺体となって発見された。事件発生から2年後の1994年、女児の遺体などに残されていた血痕と、容疑者の毛髪のDNA型がほぼ一致したとして、福岡県警は無職の久間三千年(事件当時54歳)を逮捕する。久間は一貫して犯行を否認した。が、裁判では死刑判決が下り最高裁で確定、2年後に刑が執行される。その当日、久間は遺書のために用意された紙とペンも受け取らず、最後まで「私はやってない」と怒鳴りながら処刑台に向かったという。久間の死後、遺族や弁護団は、足利事件での再審判決(1990年に栃木県足利市で4歳の女児が殺害された事件で、犯人とされ服役していた男性が新しいDNA鑑定により再審無罪に)などから、捜査当時行われた科警研のDNA型鑑定には証拠能力がないなどとして再審を請求するも棄却され、2023年8月現在、第2次再審請求中である。

# 高塩《たかしお》正裕《まさひろ》

いわき市母娘強盗殺人事件

# 死刑が当然だと思う。

死刑確定………2006年12月20日
執行………2008年10月28日(享年55)
処刑地………宮城刑務所

2004年3月18日、福島県いわき市の塗装工、高塩正裕(当時50歳)は車のローンやパチンコなどの遊興費による借金から強盗を計画。同市に住む無職男性(同87歳)の自宅にナイフを持って押し入り、男性の妻(同83歳)と二女(同55歳)の胸や首などを刃物で刺し、殺害した。高塩は5、6年前に、仕事を通じて女性らと知り合い、女性方に出入りしていたため、侵入後すぐに正体を見破られたことで犯行に及び、その後、室内を物色し、バッグの中から現金5万円を奪い逃走した(男性は当時入院中で難を逃れている)。翌2005年1月に逮捕。福島地裁いわき支部の判決は無期懲役だったが、仙台高裁は一審判決を退け死刑を宣告。判決直後、高塩は弁護人に「殺害の意図や計画性を高裁が認めたのは事実と違うが、自分が2人を殺してしまったことは事実で、死刑が当然だと思う」と話していた。最高裁も高裁判決を支持し刑が確定。死刑執行は、その1年10ヶ月後だった。

# なぜ死刑なのですか。

## 澤地和夫《さわち かずお》
## 山中湖連続殺人事件

死刑確定………1993年7月7日
死亡………2007年12月16日（病死。享年69）
死亡地………東京拘置所

澤地（事件当時45歳）は警視庁の元警部だった。退職後、大衆割烹店を開いたものの経営が悪化し1億5千万円の負債を抱え閉店。一獲千金を狙い、同じく億単位の借金を作っていた不動産業者・猪熊武夫（同35歳）と、知り合いの元金融業者と共謀、1984年10月11日、宝石取引を装い東京の宝石商（同36歳）を山中湖畔の別荘に誘い出して絞殺した。さらに澤地と猪熊は同月25日、埼玉県上尾市の女性金融業者（同61歳）を偽の融資話で誘い出し、同別荘前路上の乗用車内で絞殺。宝石商と同じく、死体を別荘の床下に投棄した。宝石商の内妻が出した捜索願がきっかけで、翌月には全員が逮捕。裁判では澤地と猪熊に死刑、元金融業者に無期懲役が下され確定した。上の文言は澤地が2006年に獄中で著し出版された書籍のタイトルで、本人はその1年後に胃がんによりこの世を去った。なお、共犯の猪熊の死刑は未だに執行されておらず、2023年8月現在も東京拘置所に収監されている。

# 人になんと言われても、もう少し生きたいのです。

## 川村《かわむら》幸也《ゆきや》

### ドラム缶女性焼殺事件

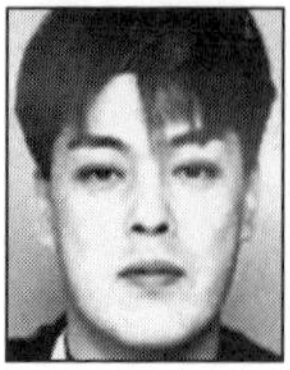

死刑確定……2006年6月9日
執行……2009年1月29日(享年44)
処刑地……名古屋拘置所

2000年4月4日、愛知県名古屋市の中古車販売業・川村幸也(当時36歳)と同従業員・佐藤哲也(同30歳。左ページ参照)は仲間4人と、約束手形金の支払いに応じなかった喫茶店経営の男性(同56歳)を角材で襲い、約2週間のけがを負わせた。経営者は逃げのびたものの、男性の妻(同64歳)と、妻の妹(同59歳)を乗用車ごと拉致し現金2万4千円を強奪。その後、犯人グループは愛知県瀬戸市の山林で2人をドラム缶に押し込み、生きたままガソリンをかけて焼殺し、遺体をチェーンソーなどで切断、山中に放棄した。強盗殺人、死体損壊・死体遺棄などで逮捕・起訴された彼らのうち主犯格の川村と佐藤に死刑が確定(他4人は有期刑から無期懲役)。上の文言は2008年に実施された死刑囚へのアンケート(本書72P参照)への川村の回答(2009年1月12日付け)で、「死刑を受け入れても、生きたいと思うことは別」と、この期に及んで命乞いした。刑執行は、それから17日後のことである。

# 今は執行を待つ時間に何かできることがあればと考えつつ生活しております。

## 佐藤哲也《さとう てつや》

### ドラム缶女性焼殺事件

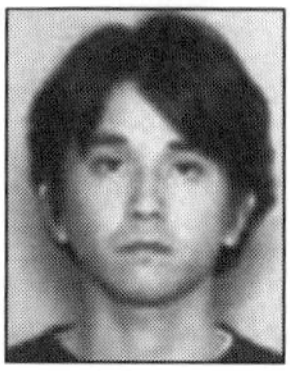

死刑確定………2006年6月9日
執行………2009年1月29日(享年39)
処刑地………名古屋拘置所

右ページの川村とともに主犯格として残虐な事件を起こした佐藤は、暴力団組員の父親を極端に恐れていた。事件のきっかけとなった約束手形の一件も、父親が経営するヤミ金から喫茶店経営の男性に振り出されたもので、この回収を任されていた佐藤は成功しなければ、自分に身の危険が及ぶとさえ考えていたらしい。公判で「殺害は計画的ではない」と主張したものの、最高裁はこれを一蹴、「計画的犯行で動機に酌量の余地はない。何の落ち度もない2人を生きたままドラム缶に押し込み、焼き殺したと殺害方法は冷酷非情で残虐。積極的にかかわった責任は際立って重く、遺族らの被害感情などに照らすと、死刑はやむを得ない」と極刑を宣告した。上の文言は、もう一人の主犯である川村と同じ2008年実施のアンケートに対する回答で、「私のような犯罪者に声をかけてくださりありがとうございます」と、近く執行されるであろう死刑を受け止める覚悟を綴っていた。

# 早く楽になりたい。

## 北九州母娘殺傷事件

## 牧野《まきの》正《ただし》

死刑確定………1993年11月16日
執行………2009年1月29日（享年58）
処刑地………福岡拘置所

1990年3月12日、競艇にのめり込みサラ金から100万円以上の借金をしていた牧野（当時39歳）は、その返済に強盗を計画。福岡県北九州市門司区の女性会社員（同53歳）方に侵入した。が、室内を物色中、女性の長女（同25歳）に見つかったため、持参の包丁で首などを数回刺して殺害。ほどなく帰宅した女性にも包丁でのどを刺し2ヶ月の重傷を負わせ、現金2千300円を奪い逃走した。さらに、その途中で近くを通りかかった看護師見習の女性（同18歳）の後頭部を持っていた鉄製バールで殴打、全治10日のけがを負わせ、手提げバッグ、現金2千円などを奪った。牧野は、以前にも北九州市門司区のホテルに侵入して、客室を物色中に宿泊者に発見されたためナイフで殺害する事件を起こし、無期懲役刑を受け熊本刑務所に服役。1987年5月に仮出所していた。上の言葉は、2008年実施のアンケート（本書72P参照）に対し、自身で控訴を取り下げ死刑を確定させたことへの回答である。

## 長野・愛知4連続強盗殺人事件
# 西本《にしもと》正二郎《しょうじろう》

# 一番の望みは死刑囚でも臓器提供が出来るようになること。

死刑確定……2007年1月11日
執行……2009年1月29日（享年32）
処刑地……東京拘置所

2004年1月から9月にかけ、タクシー運転手や独居老人ら4人が殺害され、金品が奪われる事件が発生した。ほどなく逮捕されたのは当時27歳の無職、西本正二郎。西本は2002年8月、交通事故で腰椎椎間板ヘルニアを患い、2年ほど勤めた土木会社を退職して以降、窃盗を生業にし、2003年5月、長野県飯田市の民家に空き巣に入り100万円を、同年9月には以前住んでいたアパートに入り1,020万円もの大金を手にしていた。が、愛人女性と遊ぶ金や高級時計の購入、パチンコ代などで金はすぐに失くなってしまう。そこで起こしたのが前述した一連の事件。ターゲットとした一人暮らしの高齢者は、有線放送の電話番号簿に載っていた個人情報などで特定していた。長野地裁の死刑判決を控訴せず確定。2008年実施のアンケート（本書72P参照）では、被害者や遺族への謝罪を綴るとともに「私の死刑は償いの一つでしかありません」として自身の臓器提供を申し出た。

# 僕はそんなに強くない人間なんですよ。

## 前上博《まえうえひろし》

自殺サイト殺人事件

死刑確定………2007年7月5日
執行………2009年7月28日(享年40)
処刑地………大阪拘置所

前上は異常な性癖の持ち主だった。小学生のとき読んだ推理小説に書かれていた、犯人が薬品を染み込ませたハンカチで口をふさぎ失神させて誘拐する場面に興奮を覚え、小5から会社員時代まで、それを真似て子供や知人の口を押さえる犯行を50件以上繰り返した。そして、2005年、36歳のとき、「人が窒息して苦しむ姿を見てみたい」と、自殺サイトで募った中学生を含む男女3人を大阪府内で殺害。一審判決で死刑を言い渡された。控訴せずに刑が確定した2007年、前上の心理を分析するため東海学院大の長谷川博一教授が17回、接見に訪れた。が、最終的に前上は同教授との接見を拒否する。教授がその理由を聞くと、「現実の世界で僕の唯一の楽しみは、自分をよく知っている先生と会うこと。ただ死刑を待ちながら先生と会える日を楽しみに生きていくのは辛すぎるので、空想の世界に逃げることにした。僕はそんなに強くない人間なんですよ」と弱々しく微笑んだそうだ。

# 生まれてこない方がよかった。

## 山地悠紀夫《やまじゆきお》

### 大阪姉妹殺害事件

死刑確定………2007年5月31日
執行………2009年7月28日(享年25)
処刑地………大阪拘置所

山地は1983年、山口県で生まれた。小学5年で父と死に別れ、16歳のとき借金を作り逃げていた母親をバットで撲殺。このとき、「返り血を流すためにシャワーを浴びたら、射精していた」という。少年院を出所した2005年、大阪でパチスロ機を不正操作しコインを盗むグループに加入するも離脱し、同年11月17日、母親殺害の際に感じた快楽を再び得るため、大阪市浪速区のマンションに住んでいた飲食店店員の女性（当時29歳）と妹（同19歳）を強姦、刺殺した。翌12月に逮捕された山地は大阪地裁での公判中、弁護人が差し入れたノートに「何のために生まれてきたのか、答えが見つからない。人を殺すため。もっとしっくりくる答えがあるのだろうか」と記述。死刑判決後も弁護人に「生まれてこない方がよかった」などと話し、自ら控訴を棄却した。処刑はその2年後。25歳での死刑執行は1972年の少年ライフル魔事件の片桐操（本書45P）以来37年ぶりだった。

川崎中国人6人殺傷事件

# 陳徳通《チェン・ダートン》

# 私は、日本政府に申し訳ないことをしてしまいました。

死刑確定………2006年6月27日
執行………2009年7月28日（享年41）
処刑地………東京拘置所

中国・福建省出身の陳徳通（事件当時31歳）が、日本で一稼ぎしようと入国したのは1998年8月のこと。遠縁に当たる川崎市の中国人夫婦ら5人が住むマンションに同居し、日雇いの建設現場作業員として働いていたが、この夫婦が多額の金を持っているとみて、親類の中国人7人と共謀し強盗を計画。1999年5月25日、マンションに押し入り、居合わせた男女6人を粘着テープで縛り金を要求した。が、手に入ったのはわずか5万円。銀行口座にも数千円しかないことがわかると激怒し、6人をサバイバルナイフで滅多刺しにし3人を殺害、2人に重傷を負わせ逃走する。生き残った被害者の証言から、同年6月中旬から7月にかけて全員が逮捕。裁判で陳は最高裁まで争ったが、事件の主犯として死刑が確定する。上は2008年実施のアンケート（本書72P参照）に対する回答に出てくる一節で、自分の犯した罪に深く反省していたが、その1年後に刑は執行された。

# アーメン。

## 荒井《あらい》政男《まさお》

三崎事件

死刑確定……1990年10月16日
死亡……2009年9月3日（病死。享年82）
死亡地……東京拘置所

1971年12月21日深夜、神奈川県三浦市三崎町の食料品店で、店主（当時53歳）と妻（同49歳）、娘（同17歳）が何者かに殺害された。5日後の26日、警察は、横浜市で鮮魚店を経営していた荒井政男（同44歳）が事件当日、小刀を持ちながら店を出ていくのを目撃されていたことから同人を殺人容疑で逮捕する。取り調べで荒井は犯行を自白するも、公判では供述を翻し一貫して無罪を主張。物的証拠が皆無だったことから審理は4年9ヶ月に及んだ。1976年9月、横浜地裁横須賀支部は目撃証言の価値を認め死刑を宣告、高裁、最高裁も一審判決を支持し刑が確定する。荒井はその後も無罪を訴え二度再審請求するも却下。2008年実施のアンケート（本書72P参照）では、死刑制度の廃止を求める文言を綴り、最後に「アーメン」と記した。その1年後に敗血症により死去。2023年1月、弁護団は三度目の再審請求を申し立てている。

# 石橋《いしばし》栄治《えいじ》

## 神奈川2件強盗殺人事件

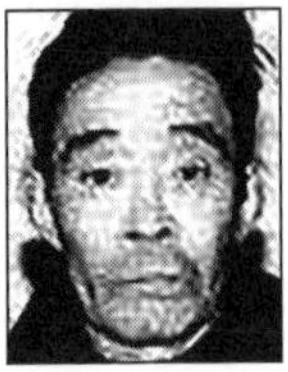

# みずほ先生、どうしたらいいか教えてください。

死刑確定……2004年4月27日
死亡……2009年10月27日(病死。享年72)
死亡地……東京拘置所

1988年12月28日深夜、土木作業員の石橋栄治(当時51歳)が、売上金を奪う目的で神奈川県平塚市でタクシーに乗車、運転手をナイフで刺し失血死させた。4日後の1989年1月1日には、同県足柄上郡にある建設会社のプレハブ平屋建て作業員宿舎に侵入。男性作業員(同39歳)の所持金2万8千円を奪うも、作業員が犯行に気づいたためナイフで刺し殺したうえ、灯油に火をつけ宿舎を全焼させた。その日の夜に逮捕された石橋は、公判で作業員殺害は認めたもののタクシー運転手殺害については全面否認。横浜地裁小田原支部は無期懲役を言い渡す。が、控訴審で一審判決が棄却され死刑を宣告。上告は棄却され刑が確定する。石橋は2008年のアンケート(本書72P参照)で改めてタクシー運転手殺害事件の無実を訴え、最後に本アンケートに協力した死刑制度反対派の参議院議員・福島みずほに助けを乞うた。が、その1年後に収容先の東京拘置所で肺炎により息を引き取った。

## 篠澤《しのざわ》一男《かずお》

宇都宮宝石店放火殺人事件

# 死刑とはざんこくなものです。

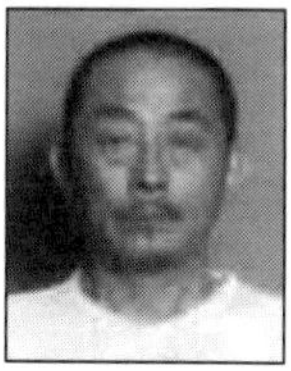

死刑確定………2007年2月20日
執行………2010年7月28日（享年59）
処刑地………東京拘置所

2000年6月11日、栃木県宇都宮市のジュエリーツツミ宇都宮店で、産業廃棄物処理会社相談役を自称する篠澤一男（当時49歳）が指輪など293点（約1億4千万円相当）を奪ったうえ、店長を含む従業員6人を拘束した挙げ句、店内に放火し、全員を焼殺した。篠澤は安定した収入がないにもかかわらず、親の金を使い高級車や高級ブランド品を購入したり愛人を囲う生活を続けたうえ、ギャンブルにものめりこみ、最終的には多額の借金を抱え極悪非道の犯行に及んだ。公判で篠澤は「脅すつもりでライターの火を付けたところ、突然爆発した」と殺意を否認し、最高裁まで争うも判決は死刑で確定。2008年実施のアンケート（本書72P参照）に「いつ死刑になるのか、きもちの整理がつきません。死刑とはざんこくなものです。死刑とは死刑の判決をもらった人しかわからない重いものがあります。毎年、確定の日などはねむれません」と記し、その2年後に刑場の露と消えた。

# 尾形《おがた》英紀《ひでのり》

## 熊谷男女4人殺傷事件

# 死を受け入れるかわりに
# 反省の心をすて
# 被害者・遺族や
# 自分の家族のことを
# 考えるのをやめました。

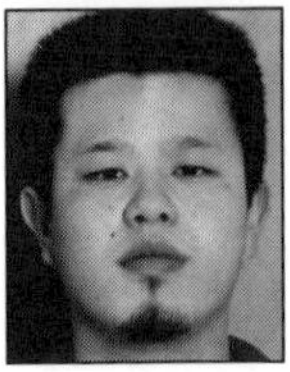

死刑確定……2007年7月18日
執行……2010年7月28日(享年33)
処刑地……東京拘置所

2003年8月18日、元暴力団員で埼玉県熊谷市でゲーム喫茶を経営していた尾形英紀（当時26歳）が16歳の愛人女性の相談を受け、彼女が二股交際していた飲食店の男性店員を包丁で刺殺。さらに、たまたま現場に居合わせた男性の同僚女性ら3人を拉致して山中に連れ出し1人を殺害、2人に重傷を負わせた。逮捕後の取り調べで、尾形は「（殺したつもりが生きていた）2人を口封じのため病院で殺害することを計画していた」と供述。裁判では「犯行は非人間的と言わざるをえない」として死刑を宣告される(控訴せず確定)。上の文言は2008年実施のアンケート（本書72P参照）に対する尾形の回答の一節で、以下「なんて奴だと思うでしょうが、死刑判決で死をもって償えと言うのは、俺にとって反省する必要がないから死ねということです。人は将来があるからこそ、自分の行いを反省するのではないですか。将来のない死刑囚は反省など無意味です」と続いた。

# 永田洋子《ながたひろこ》
## 山岳ベース事件ほか

# 私の第一の責任として
# 連赤総括に
# 取り組まなければ
# なりませんでした。

死刑確定………1993年2月19日
死亡………2011年2月5日（病死。享年65）
死亡地………東京拘置所

連合赤軍の指導部最高責任者として、組織から脱走を図った男女メンバー2人が千葉県で殺害された印旛沼事件（1971年8月）や、群馬県の山中に設置したアジトで「総括」の名のもと同志12人がリンチを受け殺害された山岳ベース事件（1971年末〜1972年2月）などの首謀者として、逮捕された永田洋子。裁判では同じく主犯として起訴された坂口弘とともに死刑判決を受けたが、脳梗塞を患いながら受けた最高裁の確定判決後に脳腫瘍で倒れ、以降は寝たきりの状態になった。上の文言は、まだ意識がはっきりしていた1992年11月、ジャーナリストの江川紹子と交わした手紙に書いた、同志殺害という誤りを指導者として犯したことへの思いで、続けて永田は「それが現実の運動に反映されていくよう努力していくことです」と綴っている。2008年に危篤状態となり、その3年後に脳萎縮、誤嚥性肺炎のため獄死。なお、坂口弘は2023年8月現在も東京拘置所に収監中である。

# どんな立場に生きていようと、前を向いて生きましょう。

## 宮崎連続強盗殺人事件
## 松田康敏《まつだやすとし》

死刑確定……2007年2月6日
執行……2012年3月29日(享年44)
処刑地……福岡拘置所

2001年11月、宮崎県に住む無職の松田康敏（当時33歳）はパチンコやスナック通いで消費者金融に多額の借金を作り生活費に困窮していた。そこで、同月25日15時頃、同県西都市のスナック女性経営者（同53歳）方に無施錠の台所窓から侵入。翌日午前12時頃、スナックから帰った女性を包丁で刺した後、首を絞めて殺害、現金3万7千円が入った財布入りのバッグを奪い逃走。松田は9年前にこの女性のスナックでアルバイトをしていた。その後も窃盗を繰り返した後、同年12月7日午後、同県国富町の雑貨店女性経営者（同82歳）方に侵入、女性の首を絞めて殺し現金約63万円とセカンドバッグを奪ったが、その4日後に指名手配中のところを逮捕された。裁判で死刑が確定した松田は2008年実施のアンケート（本書72P参照）に上記の文言で始まる回答を寄せ、時間があると絵を描いて楽しく過ごしていると綴っている。執行はそれから3年後のことだった。

# 上部《うわべ》康明《やすあき》

## 下関通り魔殺人事件

# 神の指示で動いた。

死刑確定………2008年7月11日
執行………2012年3月29日(享年48)
処刑地………広島拘置所

上部は1987年に九州大学工学部を卒業後、一級建築士の資格を取得し、自身で設計事務所を立ち上げた“勝ち組”だった。が、経営に行き詰まり廃業。1998年2月に実家に戻り、翌年、軽トラックを購入して運送業を始めた。時を同じくして、妻に離婚を切り出され、さらに台風で軽トラが冠水し使用不能になったことなどから、しだいに人生が上手くいかないのは社会の責任にあると身勝手な憎悪を膨らませる。上部が驚愕の行動に打って出るのは1999年9月29日。レンタカーでJR下関駅の構内に侵入、7人をはねた後、車から降り、包丁を振り回して無差別に5人を刺殺、10人に重傷を負わせた。現行犯逮捕された上部は公判で不可解な言動を繰り返す。「神の指示で動いた」「みんなが敵で殺してやろうと思った」。弁護人は犯行時、上部が心神喪失に近い心神耗弱状態と主張したが、下った判決は死刑。控訴、上告も棄却され、事件から13年後、刑を執行された。

## 服部《はっとり》純也《じゅんや》

### 三島女子短大生焼殺事件

# 最後のチャンスが欲しい。

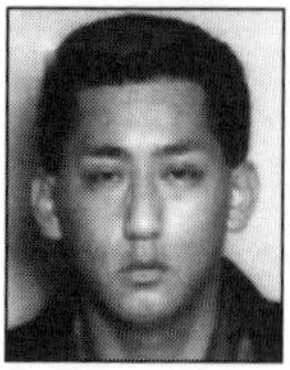

死刑確定………2008年2月29日
執行………2012年8月3日(享年40)
処刑地………東京拘置所

2002年1月23日未明、静岡県三島市で女子短大生(当時19歳)が生きたまま焼き殺される残忍な事件が起きた。犯人は、1995年に強盗致傷罪で懲役7年の実刑判決を受け仮釈放中だった服部純也(同29歳)。この日、服部はアルバイト先から自転車で帰路を急ぐ被害女性に誘いの声をかけたものの断られたため自分のワゴン車に押し込み強姦。車で連れ回したうえ、灯油をかけてライターで火をつけ、焼死させていた。一審の静岡地裁沼津支部の判決は無期懲役。しかし、東京高裁はこの判決を破棄し死刑を宣告、最高裁が上告を棄却し、刑が確定した。服部は2008年実施のアンケート(本書72P参照)に反省の念を述べたうえで「何を今更と思うかもしれませんが、出来ることならもう一度最後のチャンスが欲しいです。誰よりも誰よりも命の大切さを知っているのが死刑囚なのです。分かって下さい」と回答している。が、その願いが叶えられるわけもなく、4年後に刑場の露と消えた。

## 京都・神奈川親族連続殺人事件

## 松村《まつむら》恭造《きょうぞう》

# 死刑囚でも変わることでポジティブに明るく過ごせるんです。

死刑確定……2008年4月8日
執行……2012年8月3日（享年31）
処刑地……大阪拘置所

2007年1月16日夕方、住所不定、無職の松村恭造（当時25歳）が京都府長岡京市に住む私立校教頭の伯父宅を訪れ、伯母（同57歳）に金を無心したが断られたため、鋭利な刃物で伯母の頭部や首を刺すなどして殺害。現金2万円やクレジットカードなどを奪い逃走した。それから6日後の同月22日夜、神奈川県相模原市に住む大叔父（同72歳）宅を訪れ宿泊。深夜1時頃、金属棒で大叔父の頭部を殴って殺害し、現金1万円や携帯電話などを奪う。この後、松村は奪った携帯電話で母親に「伯母さんをやったのは僕。金を借りに行ったら断られた。今朝も2人目をやった」と明かしている。23日、東京都練馬区内で逮捕。公判では京都地裁の死刑判決を控訴せず、確定死刑囚に。2008年実施のアンケート（本書72P参照）には4千字を超える文章で自分の犯した罪を振り返り、最後に上記の文言を記した。それから4年後の執行日は奇しくも松村の31歳の誕生日だった。

## 松田幸則《まつだゆきのり》

### 熊本松橋町《まつばせまち》男女強盗殺人事件

# 母ちゃんの子どもに生まれてよかった。

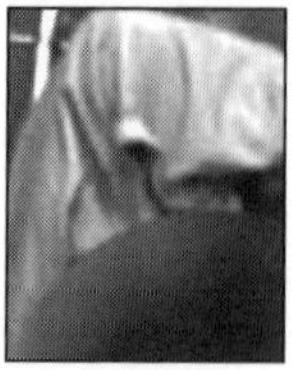

死刑確定……2009年4月3日
執行……2012年9月27日(享年39)
処刑地……福岡拘置所

2003年10月16日、熊本県下益城郡《しもましきぐん》松橋町(現・宇城市《うきし》)の住宅に住む女性(当時54歳)と、女性と同居していた元精肉店経営者の男性(同54歳)の2人が鋭利な刃物で刺殺されているのが見つかった。現場から、約8万3千円や腕時計などが奪われていたことから、警察は強盗殺人として捜査を開始。目撃証言などを手がかりに無職の松田幸則(当時30歳)を割り出し、任意同行で事情を聞き自供を得る。松田はヤミ金融などに多額の借金があり返済を迫られていた。裁判では控訴審まで争うも上告を取り下げ死刑確定。執行はその3年後だったが、報せを受けた70代後半の母は、翌日に熊本県内から駆けつけ、拘置所内で行われた葬儀で執行に立ち会った刑務官から息子の最期の言葉を聞かされる。「母ちゃんにいろいろ迷惑かけてすいませんでした。元気で長生きしてください。母ちゃんの子どもに生まれてよかった」。それを聞いた母は、ただ泣くばかりだったという。

## 名古屋市スナック経営者強殺殺人事件

# 加納《かのう》恵喜《けいき》

# 死を待ち続ける生活に疲れました。

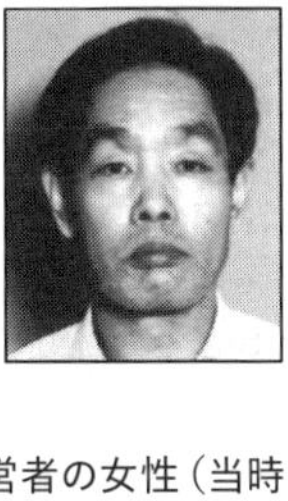

死刑確定………2007年3月22日
執行………2013年2月21日（享年62）
処刑地………名古屋拘置所

加納は1950年、長野県須坂市で青果店を営む家の次男として生まれた。中学卒業後、住まいや職を転々とし、20歳代半ばからは食い逃げ・窃盗で、刑務所に出たり入ったりの生活を送り、1983年2月、32歳のとき、同県諏訪市で宿泊料金をめぐるトラブルから宿の女将を絞殺。懲役15年の判決を受け岐阜刑務所に服役し、1998年に仮出所した。その後も窃盗や詐欺を繰り返し、2002年3月14日夜、愛知県名古屋市中区のスナックバーに金銭奪取目的で入店。経営者の女性（当時61歳）をマイクのコードで首を絞めて殺害、現金約8千円を奪い逃走した。スナックのビール瓶に拭き残しの指紋があったことから、前科のある加納が浮かび翌日逮捕。一審の名古屋地裁は無期懲役判決だったものの、高裁がこれを破棄し死刑判決、最高裁も上告を棄却し刑が確定する。上記の言葉は執行当日の朝、加納が刑務官に漏らしたもの。死刑に怯えながら6年弱を過ごした男の本音だった。

# 小林《こばやし》薫《かおる》

## 奈良小1女児殺害事件

# 風呂とちゃうんか？

死刑確定………2006年9月26日
執行………2013年2月21日（享年44）
処刑地………大阪拘置所

2004年11月17日、奈良県生駒郡に住む小学1年の女児（当時7歳）が誘拐され、翌18日、殺害遺体が見つかった。1ヶ月半後の同年12月30日、警察が逮捕したのは奈良市の新聞販売店に勤務する小林薫（同35歳）。高校3年のときから複数の女児にわいせつ行為を働き、服役経験のある男だった。事件当日、小林は下校途中の被害女児に声をかけて車に乗せ、自宅マンションに連れ込んだ後、浴槽に顔をつけて殺害。サバイバルナイフで遺体の歯10本をえぐり取ってから、母親宛てに「娘はもらった」の一文と、女児を撮影した写真付きメールを送信していた。奈良地裁での公判で小林は「裁判は茶番。元から死刑を望んでいる」と述べ、その望みどおり死刑判決が出ると控訴せず確定死刑囚に。執行当日は、一番風呂だったため入浴の準備をしていたが、お迎えを悟ると「風呂とちゃうんか？」と刑務官に言い、刑場に引き立てられていったそうだ。

# 金川真大《かながわまさひろ》

## 土浦連続殺傷事件

# 「完全勝利」といったところでしょうか。

死刑確定………2010年1月5日
執行………2013年2月21日（享年29）
処刑地………東京拘置所

高校卒業後、進学も就職もせず引きこもり生活を6年送っていた金川が“つまらない毎日”と決別するため犯行を思い立ったのは2008年1月のこと。当初は自殺を考えるも、「さほど苦しまず確実に死ねる死刑」に処されるため大量殺人を計画、2ヶ月かけ包丁やサバイバルナイフを準備し、同年3月19日、茨城県土浦市の住宅街で当時72歳の男性を刺殺した。東京で3日間を過ごした後の23日、今度はＪＲ常磐線の荒川沖駅に現れ、手当たり次第に通行人をナイフで襲撃、27歳の男性を殺害したほか7人に重傷を負わせた。金川が「完全勝利」を口にするのは、2009年12月18日、水戸地方裁判所で死刑判決が言い渡された直後、新聞記者との接見取材でのこと。金川は控訴を取り下げる意向を示したうえで「後は執行までの時間をいかに短くするか。（国が執行に）動かなければ裁判に訴える」などと話し、その３年２ヶ月後、望みどおり死刑に処された。

# 加賀山《かがやま》領治《りょうじ》

## D・Dハウス殺人事件

現世では
孝行できぬ身となりて
病みたる母に
詫びるすべなし

死刑確定……2012年7月24日
執行……2013年12月12日（享年63）
処刑地……大阪拘置所

2008年2月1日、大阪市北区の商業施設「D・Dハウス」の共用トイレで、飲みに来ていた男性客（当時30歳）がナイフで刺され死亡する事件が発生した。1週間後の8日、大阪府警此花署に無職の加賀山領治（同58歳）が出頭し、窃盗と強盗の準備を整えトイレに潜んでいたところ、たまたま入ってきた被害男性にナイフで「金を出せ」と脅すも応じなかったため、胸などを刺し殺害したことを自供。強盗殺人罪で逮捕されたが、後のDNA鑑定で、2000年7月、大阪市中央区の路上で帰宅途中の中国人女子留学生（同24歳）が殺害された事件も加賀山が起こしたことが判明、再逮捕される。裁判では最高裁まで争うも、過去の殺人事件を自供しなかったことから「自首は無効」とみなされ死刑が確定。上の短歌は執行前に、本人が母親への思いを詠んだもので、他に「還暦を祝ってくれる人もなく孤独な我に便りまい込む」などの歌を残している。

# 偽造証拠をでっち上げるなんて、断じて許せない。

## 豊中市2人殺害事件

## 中山進《なかやますすむ》

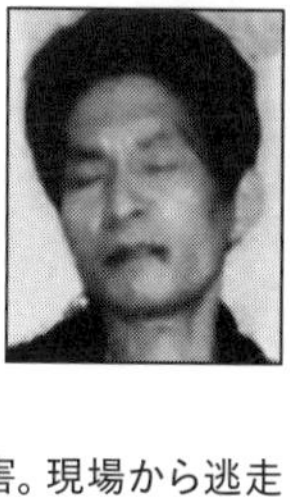

死刑確定……2006年6月13日
死亡……2014年5月15日（病死。享年66）
死亡地……大阪医療刑務所

1998年2月19日夜、中山（当時50歳）は大阪府豊中市の路上で男を待ち伏せしていた。相手は2年前に知り合い交際中だった元ホステスの夫（同37歳）で、すでに妻とは別居しているものの離婚に応じないことから、自分の手で殺めようと決意を固めていた。ほどなく夫が現れ、中山は刺身包丁で頸部・前胸部などを繰り返し突き刺し殺害する。が、たまたま一緒にいた夫の交際女性（同40歳）が助けを求める大声をあげたため、彼女にも包丁を何度も突き刺し殺害。現場から逃走を図るも、悲鳴を聞きつけた近隣住民に身柄を取り押さえられて緊急逮捕。このとき中山は1969年に高知県で起こした強盗殺人事件で受けた無期懲役から仮釈放の身だった。最高裁で死刑が確定した後も中山は「殺意はなかった」として獄中から再審を請求。2008年実施のアンケート（本書72P参照）でも上記のように訴えたが、2013年に食道がんが発覚。その1年後に獄死した。

# 岡崎《おかざき》茂男《しげお》

岩手・福島・千葉連続誘拐殺人事件

# 仙台拘置所に戻りたいです。

死刑確定……2004年6月25日
死亡……2014年6月26日（病死。享年60）
死亡地……東京拘置所

1986年7月、元岩手県警巡査の岡崎茂男（当時33歳）、塗装業の迫康裕（同45歳）、土建業の熊谷昭孝（同43歳）らが、岩手県盛岡市で金融業を営み、岡崎に200万円を融資していた男性（同41歳）を誘拐、山林で生き埋めにして殺し、乗用車や土地の権利書などを盗んだ。さらに3人は、1989年7月に福島県郡山市の塗装会社社長の男性（同48歳）を誘拐し、身代金1千700万円を奪ったうえ、殺害。1991年5月には千葉県市原市の塗装業の男性（同53歳）を誘拐し、身代金2千万円を奪取した。警察は3人を全国に指名手配し、同年10月末までに全員を逮捕。裁判では3人共に死刑判決が下り、最高裁で刑が確定する。上記の文言は2008年実施のアンケート（本書72P参照）に、当時1人だけ東京拘置所に移送されていた岡崎が答えたもの。待遇面の悪さから仙台に戻りたい旨を訴えていたが、この6年後に急性呼吸不全のため獄死。熊谷、迫もそれぞれ2011年、2013年に病死している。

## あきる野市資産家姉弟強盗殺人事件
# 沖倉《おきくら》和雄《かずお》

ご希望に沿えないので、
切手、ハガキ、
返送いたします。
ご気分を
悪くなさらないでください。

死刑確定……2013年12月17日
死亡……2014年7月2日（病死。享年66）
死亡地……東京拘置所

2008年4月9日、東京都あきる野市の無職男性（当時51歳）宅で、男性と、姉の図書館職員女性（同54歳）が殺害され、現金35万円などが奪われる事件が発生した。犯人として逮捕されたのは元あきる野市職員の沖倉和雄（同60歳）。2004年に市役所を退職後、スナック経営に失敗し賭け麻雀で約4千700万円の借金を抱えていた男だった。沖倉は市役所の元同僚から資産家である被害者姉弟の情報を入手したうえで、自分と同じく多額の借金を作っていた麻雀仲間の土木業男性と共謀、犯行に及んだ。公判では「犯行の主従関係」が争点になったが、一審の東京地裁は沖倉が主犯と認定し死刑を宣告する（土木業男性は無期懲役判決で確定）。上記の文言は、最高裁で刑が確定する2ヶ月前の2013年10月、ジャーナリストの片岡健が送った取材申し込みの手紙に対する返事に書かれていたものだ。生真面目な沖倉の性格が窺えるが、本人はその翌年、脳腫瘍のため獄死した。

# オラは悪ぐね。

## 武富士弘前支店強盗殺人・放火事件

## 小林光弘《こばやし みつひろ》

死刑確定……2007年3月27日
執行……2014年8月29日(享年56)
処刑地……宮城刑務所

2001年5月8日、消費者金融・武富士の(青森県)弘前支店に男が押し入り「とっとと金を出せ。出さねば火をつける」と脅した。店員の1人が「金はない。馬鹿なことをやめないと警察に通報するぞ」と受話器を取り上げたところ、男はその言葉どおり、持参していたガソリンを店内にまいたうえ火をつけ逃走。結果、店員5人が焼死、4人が重傷を負う。10ヶ月後、似顔絵をもとにタクシー運転手の小林光弘(当時43歳)が逮捕される。競輪にのめりこんだことで抱えた借金2千300万円の返済に追い詰められた挙げ句の犯行だった。公判では「殺意」が争点となり、青森地裁はこれを認め死刑を宣告。控訴、上告は棄却され刑が確定する。その間、小林から被害者への謝罪の言葉は一切なかった。執行当日、小林は刑務官に両腕をつかまれ、泣きわめき糞尿を漏らしながら「オラは悪ぐね」と叫び、刑場へ連行されていったと伝えられている。

## 名古屋闇サイト殺人事件

# 神田《かんだ》司《つかさ》

こうなることは
分かっていました。
被害者のお母さん、おばさん、
付き合っていた彼、友人、
会社の同僚に対して、
命を以て償います。

死刑確定……2009年4月13日
執行……2015年6月25日(享年44)
処刑地……名古屋拘置所

2007年8月24日深夜、携帯サイト「闇の職業安定所」で知り合った男3人が、愛知県名古屋市千種区内の路上で、帰宅途中の女性会社員(当時31歳)を拉致し、自動車内に監禁。キャッシュカードの暗証番号を聞き出し、持っていた金品を奪った後、女性の頭部を金槌で数十回にわたり殴打するなどして殺害、死体を岐阜県瑞浪市内の山中に遺棄した。一審・名古屋地裁の判決は神田(同36歳)と堀慶末(同32歳)が死刑、川岸健治(同40歳)は自首が認められ無期懲役となったが、神田は控訴せずにそのまま刑を確定させ、6年後に処刑された。上記の文言は、担当弁護士が拘置所の職員から聞かされた執行当日の神田の言葉。職員によれば「立派な最期」だったという。ちなみに、共犯の堀は控訴審で無期懲役となったが、後に1998年に同県碧南市で起きた夫婦強盗殺人事件の犯人であることが判明。死刑判決を下されるも、2023年8月現在、刑は執行されておらず、名古屋拘置所に収監されている。

# 津田《つだ》寿美年《すみとし》

## 川崎アパート3人殺害事件

# 極刑は覚悟してますので。それだけです。

死刑確定……2011年7月4日
執行……2015年12月18日（享年63）
処刑地……東京拘置所

2009年5月30日、神奈川県川崎市幸区のアパートに住む無職の津田寿美年（当時57歳）が、隣室の男性（同71歳）とその妻（同68歳）の胸や腹を包丁で数回刺し、失血死させた。さらに玄関先で、男性の実兄であるアパートの大家（同73歳）の胸を刺し殺害。110番通報で駆け付けた警官が、自室であぐらをかき座っていた津田を現行犯逮捕した。津田は事件の５年前にアパートに入居。生活保護を受けていたが、被害男性らに部屋の掃除やドアの開閉、洗濯などの生活音について文句を言っていた。公判では「やってはいけないことをやってしまった。申し訳ございません」と頭を下げ、初めて遺族に謝罪。最終意見陳述で「極刑は自分で覚悟してますので。それだけです」と述べ、そのとおり横浜地裁は死刑判決を下した。弁護人が控訴したのを自ら取り下げ刑が確定。処刑はその４年後で、2009年に始まった裁判員裁判で死刑を言い渡された死刑囚では初の執行だった。

# 松本《まつもと》昭弘《あきひろ》

## マニラ連続保険金殺人事件

# なぜ、新しく刑が確定した人ばかりが刑の執行をされているのでしょうか？

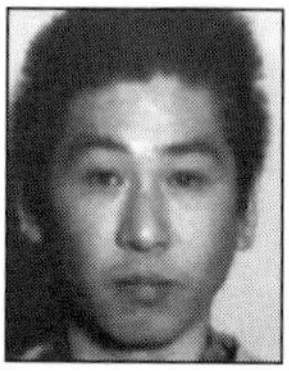

死刑確定……2007年1月30日
死亡……2016年1月22日（病死。享年61）
死亡地……八王子医療刑務所

1994年12月1日、輸入商で双子の松本和弘（当時40歳）と昭弘（同40歳）及び無職の下浦栄一（同23歳）が、フィリピン・マニラで宮崎市の男性会社員（同43歳）を窒息死させた。会社員の元妻が保険金目当てに夫の殺害を計画、回り回って3人に犯行を依頼されたのが動機である。この一件で1千350万円の報酬を受けた彼らは1995年、愛知県名古屋市の貿易商手伝いの男性（同47歳）に3千万円の海外旅行傷害保険を入らせたうえで、男性をマニラに連れ出し殺害するも、保険会社が支払いを留保したため金の受け取りには失敗。さらに昭弘と下浦は1996年、旅行会社社員の男性（同24歳）を拉致・監禁し、男性の口座から約60万円を引き出した後、殺害した。ほどなく全員が逮捕され、全員に確定死刑判決が下ったが、昭弘はその9年後に肺炎が原因で獄死。上の言葉は2008年実施のアンケート（本書72P参照）に寄せた彼の回答である。なお、和弘と下浦は2023年8月現在も名古屋拘置所に収監中の身にある。

## 田尻《たじり》賢一《けんいち》

### 熊本夫婦殺傷事件

# 何の罪もない人たちの命を奪って本当にすみませんでした。

死刑確定……2012年9月10日
執行……2016年11月11日（享年45）
処刑地……福岡拘置所

2011年2月23日、熊本市に住む会社役員の男性（当時72歳）方に「車を家の壁にぶつけた」などと嘘を言って男が屋内に侵入、役員男性の妻をバタフライナイフで刺して殺害し現金10万円を強奪。さらに、帰宅した男性役員の胸や脇腹などを複数回刺し全治1ヶ月の重傷を負わせ逃走した。2日後の25日、事件を報じるテレビを見て、逃げ切れないと悟った無職の田尻賢一（同39歳）が警察に出頭。その取り調べ過程で、田尻が、2004年3月に熊本県宇土市の医院長の妻（同49歳）が殺害され、現金約18万円が奪われた事件の犯人であることも判明し、再逮捕される。2件ともに消費者金融から借りた数百万の返済が犯行動機だった。上記の言葉は、一審・熊本地裁の最終意見陳述で田尻が口にしたもので、判決は死刑。控訴審もこれを支持したが、上告は本人が取り下げ、刑が確定した。処刑はそれから4年後。裁判員裁判で死刑を言い渡された死刑囚で二番目の執行だった。

# 被害者に対して思いをはせ、自分にできる供養をしたい。

## 岡山元同僚女性バラバラ殺人事件

## 住田紘一《すみだこういち》

死刑確定……2013年3月28日
執行……2017年7月13日（享年34）
処刑地……広島拘置所

大阪在住の住田紘一（事件当時29歳）が、10日前に辞めたばかりのIT関連会社（岡山市北区）を訪れるのは2011年9月30日夜のこと。「社員証を返却したい」と派遣社員の女性（同27歳）に声をかけ、会社の倉庫に誘い込んだうえで、いきなり押し倒し強姦。バタフライナイフで胸などを10回以上刺し殺害した後、遺体を車で運び、大阪市内のガレージでバラバラに切断、同市内の川やゴミ捨て場などに遺棄した。犯行の動機は、かつての交際相手が他の男性と結婚したことへのストレスを解消するためという信じられないもので、元勤務先の中から女性3人を選び、当日たまたま最初に会社から出てきた被害女性に刃を向けたのである。防犯カメラの映像などから逮捕された住田は、被害者が1人、かつ被告人に前科前歴がないにもかかわらず、異例の死刑判決を受ける。が、住田は弁護人による控訴を自ら取り下げ、刑を確定させる。上の文言はその直後に、弁護人に語った言葉である。

# 小田島《おだじま》鐵男《てつお》

## マブチモーター社長宅殺人放火事件

父なき子
残し逝くこと
ただ詫びる
我も父親知らぬ子なれば

死刑確定………2007年11月1日
死亡………2017年9月16日(病死。享年74)
死亡地………東京拘置所

2002年8月5日、千葉県松戸市にある小型モーターの世界的トップメーカー、マブチモーターの社長宅で、社長の妻（当時66歳）と長女（同40歳）が絞殺され、高級腕時計や指輪など966万円相当が奪われたうえ、家屋が放火されるという事件が起きた。3年後の2005年に逮捕された犯人は殺人の前歴と服役経験を持つ小田島鐵男（同62歳）と共犯の守田克実（同54歳）。警察の取り調べで、2人が事件の1ヶ月後に東京都目黒区で歯科医を、さらにその2ヶ月後に千葉県我孫子市の金券ショップの経営者を現金強奪目的で殺害していたことも判明する。公判は2人別々に開かれたものの下った判決は両名ともに死刑。小田島は控訴せず、一審で刑を確定させる。上の短歌は2008年実施のアンケート（本書72P参照）に寄せた我が子を思い詠んだ歌で、小田島はその9年後に食道がんにより獄死。共犯の守田の死刑は未だ執行されておらず、東京拘置所に収監中の身にある。

# 裁判記録は先生のもとへ。

## 関《せき》光彦《てるひこ》

### 市川一家4人殺害事件

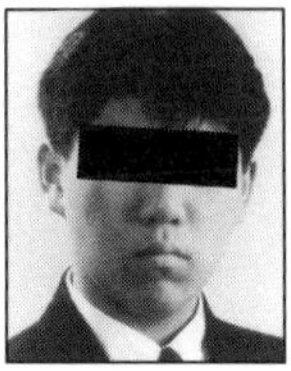

死刑確定……2001年12月3日
執行……2017年12月19日（享年44）
処刑地……東京拘置所

1992年3月5日、千葉県市川市で一家4人を殺害した関は、まさか自分に死刑判決が下されるとは思っていなかった。犯行時、19歳の未成年。せいぜい無期懲役とたかをくくり、出所後の生活を考え母親から参考書や教材を送ってもらい勉学に励んでいた。が、一審の千葉地裁は「冷酷で人間性も見られず、自己中心的で短絡的。悔恨の情も見られない」として極刑を宣告。即日控訴するも高裁はこれを棄却し、最高裁も上告を退けたことで死刑が確定する。その後、関は小説家の永瀬隼介と面会を重ね、永瀬に自身の半生や事件に至るまでの経緯を詳細に記した手紙を送る。そこには、両親や祖父に対する強い憎しみの念が綴られていたという。執行は刑確定から16年後。その言い渡しを関がどんな様子で受け止めたか定かではないが、執行前、上告審から弁護団に加わり再審請求の担当弁護人だった一場順子に向け「裁判記録は先生のもとへ」と口にしたと伝えられている。

# 麻原彰晃《あさはらしょうこう》

## オウム真理教関連事件

# ちょっと待って 四女 グフッ。

死刑確定……2006年9月16日
執行……2018年7月6日(享年63)
処刑地……東京拘置所

坂本弁護士一家殺害事件(1989年11月)、松本サリン事件(1994年6月)、地下鉄サリン事件(1995年3月)など一連のオウム事件で確定死刑囚となった13人は2018年7月6日(7人)と26日(6人)に分けて処刑されたが、執行は教祖の麻原彰晃(本名：松本《まつもと》智《ち》津《づ》夫《お》)が一番最初だった。伝えられるところによると、当日の様子は次のようだったという。いつものように朝食を終え、朝7時40分ごろに突然、出房を命じられた麻原は抵抗することも暴れることもなく刑場へ向かった。7時50分過ぎ、死刑の執行が告げられ、立ち会いの刑務官が言う。「お別れの日が来ました。教誨はどうしますか」「……」「じゃあやらないんだね」「……」「遺体の引き取りはどうする?」「……」「誰でもいいんだぞ。妻とか、次女、三女、四女……」。と、ここで初めて麻原が反応した。「ちょっと待って……四女」。刑務官が「四女だな」と念を押し確認すると、「グフッ」と声を出し、そのまま絞首台に立ったという。

松本サリン事件、地下鉄サリン事件ほか

## 土谷《つちや》正実《まさみ》

死刑確定………2011年2月15日
執行………2018年7月6日(享年53)
処刑地………東京拘置所

# たとえ死んだって誰よりも深く愛している。

(獄中結婚した妻に)

土谷は筑波大学大学院在学中の1989年、オウム真理教に入信。教団の化学班キャップとして、松本サリン事件、会社員VX殺害事件(1994年12月)、地下鉄サリン事件で使われた化学兵器や薬物の生成に関与、大量無差別殺人を引き起こした。2006年12月、麻原の一審判決時の異常行動を記した雑誌記事を読み「弟子たちを差し置いて詐病に逃げた」と感じ、死刑確定直前の2011年2月には報道各社に「個人的な野望を満足させるため、弟子たちの信仰心を利用しながら反社会的行動に向かわせ、多くの命が奪われたことに対し、教祖としてどのような考えを持っているのか、詐病をやめて述べてほしい」という内容の手記を送った。2008年、古くからの付き合いで面会を重ねていた女性と獄中結婚。執行当日は、その3日前に会った妻に対し上記のような言葉を残し、必ず伝えてくれるよう刑務官に念押ししたそうだ。執行は麻原に続き2番目で、刑場から火葬まで一緒だった。

松本サリン事件、地下鉄サリン事件

# 遠藤《えんどう》誠一《せいいち》

死刑確定………2011年12月12日
執行………2018年7月6日(享年58)
処刑地………東京拘置所

(麻原彰晃の四女へ向け)

## また会える日が来ることを信じています。

東京拘置所に収監されていたオウム関連事件の確定死刑囚3番目の執行者となった遠藤は、帯広畜産大学畜産学部獣医学科を卒業後、京都大学大学院医学研究科博士課程に進学し遺伝子を研究していくなかで精神世界に興味を持ち1988年に入信。松本サリン事件において実行犯、地下鉄サリン事件でサリン生成の責任者を務めた。上記の言葉は、東京高裁で控訴が棄却される1ヶ月前の2007年4月、かつて遠藤の許嫁で、2006年から文通を続けていた麻原の四女・松本聡香に対する手紙の最後の一節で、その前には「過去世、そして今生、多くの恩恵を与えていただき、ありがとうございます。今生の今後も、そして来世もわたしをずっと愛し続けてください。今は単に選択肢が違うだけです」と彼女への思慕を綴っていた。死刑確定後、再審請求を行うも叶えられず刑執行。火葬後、遺骨は教団施設の専用の部屋にて祀られ、2018年9月に本人の意向に従い日本海に散骨されたそうだ。

# まずは、よし！

## 井上嘉浩《いのうえよしひろ》
### 地下鉄サリン事件ほか

死刑確定………2010年1月12日
執行………2018年7月6日（享年48）
処刑地………大阪拘置所

大阪拘置所に収容されていた井上嘉浩と新実智光（本書112P参照）の執行は井上の方が先だった。VX事件、公証人役場事務長逮捕監禁致死事件（1995年2月）、地下鉄サリン事件に関与し、逮捕・起訴されたものの、井上の一審判決は無期懲役だった。が、控訴審で逆転死刑判決が下され、最高裁がこれを支持し刑が確定。井上と同じ階に収容されていた未決囚の証言によれば、執行当日の朝、刑務官から執行を告げられ廊下に出た井上の前を通り過ぎようとした際に目が合ったが、「（井上は）動揺することなく、至極立派な態度で去っていった」という。刑場では、刑務官の「お父さん、お母さんに何か伝えることは？」という問いかけに、「お父さん、お母さん、ありがとうございました。こんなことになるとは思っていなかった」と口にした後、自らに言い聞かせるように「まずは、よし！」と言葉にして処刑台に立ったそうだ。

坂本弁護士一家殺害事件、地下鉄サリン事件ほか

# 新実《にいみ》智光《ともみつ》

（獄中結婚した妻に向け）

## 遺骨はガンジス川上流のウッタルカシ村で流してほしい。

死刑確定………2010年2月16日
執行………2018年7月6日（享年54）
処刑地………大阪拘置所

新実智光は1986年3月、愛知学院大学を卒業後、食品会社の営業マンとして優秀な成績を収めるも、交通事故がきっかけで精神世界に関心を持ち、1987年に入信。坂本弁護士一家殺害事件、松本サリン事件では実行犯、地下鉄サリン事件では運転手役を務め逮捕・起訴されたが、公判では「すみませんとか申し訳ないとか言うつもりはありません。それを言うくらいなら、最初からしなければいいのです。全ては因果応報。罪の無い人たちが亡くなったのではなく何らかの原因がある」と最後まで被害者に謝罪しなかった。死刑確定2年後の2012年にAleph（オウム真理教に代わり発足した宗教団体）信者の女性と獄中結婚。最期の言葉は、その妻に託したものだった。死後に20冊以上に及ぶ日記が残され、そこには麻原との決別を誓う記述があったと妻が証言しているが、事件に対する反省や後悔の言葉は一切なかったという。

## 坂本弁護士一家殺害事件、地下鉄サリン事件ほか

# 中川《なかがわ》智正《ともまさ》

# お世話になりました。被害者の方々に心より お詫び申し上げます。

死刑確定………2011年11月18日
執行………2018年7月6日（享年55）
処刑地………広島拘置所

京都府立医科大学卒業後、中川は研修医として大阪鉄道病院で働いていたが、1988年6月に体から意識が抜け出すのを感じて手術室で失神。精神科も受診したものの通院は続かず、同年2月に入信していたオウム真理教に出家を果たす。その1年半後の坂本弁護士一家殺害事件を皮切りに、松本サリン事件、地下鉄サリン事件などに関与。裁判で死刑を宣告される。確定から6年半後の執行当日は、お迎えにきた刑務官に「体に触れなくてもよい。自分で歩いていく」と刑場控室まで進み、お茶を2杯飲んだ。刑場で、言い残したことを尋ねられると「誰も恨まず自分のしたことの結果だと考えています」と語り、教誨は「宗派が違う」と拒否。執行直前には誰に向かって言うともなく、上記の言葉を呟いたそうだ。死後、独房で「最後までありがとう　みんな本当にありがとう　7/6朝　お別れです　みなさんありがとう」という走り書きのメモが残されていたのが見つかっている。

# 早川《はやかわ》紀代秀《きよひで》

坂本弁護士一家殺害事件ほか

## 真理のため救済のためと思って戦い、テロを実行して得られたものは苦しみと悲しみでした。

死刑確定……2009年7月17日
執行……2018年7月6日(享年68)
処刑地……福岡拘置所

2018年7月6日に処刑となった麻原を含む7人のオウム信者で最年長だったのが、福岡拘置所に収監されていた早川紀代秀である。独立系シンクタンクの職員として働いていた1984年ごろからＳＦや超常現象に傾倒し、1986年にオウム真理教の前身、オウム神仙の会に入会。以降、麻原の側近として不動産獲得の中心的役割を担う一方、男性信者殺害事件（1989年2月）や坂本弁護士一家殺害事件の主犯格として関与。教団が初期に起こした計７事件で逮捕・起訴され確定死刑囚となる。執行１ヶ月前の2018年６月７日、最期のときが近いのを悟ったのか、早川は次のような手記を残している。

「自分では1人も殺していない者が死刑で、自分で２人も殺している者が無期というのは、どうみても公正な裁判とは言えません。申し訳なさは、今も薄れることはありません」。それに続くのが上記の文言だ。執行後、遺体は親族に引き渡されたそうだ。

# 日本社会は誰かを悪者にして吊し上げて溜飲を下げると、また平気で同じミスを犯す。

## 豊田《とよだ》亨《とおる》

地下鉄サリン事件

死刑確定………2009年11月6日
執行………2018年7月26日（享年50）
処刑地………東京拘置所

麻原ら7人が刑場の露と消えた20日後の2018年7月26日、残る6人の刑が執行された。東京拘置所での最初の処刑者は、高学歴が多かったオウム信者の中でもトップクラスといえる、東京大学理学部物理学科を卒業した豊田亨だった。ノーベル賞も夢ではないと噂されたほどの秀才とオウムとの接点は、在学中の1986年、本屋で手に取った麻原の著書『超能力「秘密の開発法」』がきっかけで、同大学大学院生だった1992年4月に出家。教団の核開発を担当し、地下鉄サリン事件で実行役を担った。豊田は麻原らの執行があったことを知ると、自身の執行も近いことを悟り、所持していた現金を全て、匿名で西日本豪雨（2018年6月28日〜7月8日）の義援金として寄付。執行の直前、支援を続けてきた友人と面会した際には上記の言葉を口にし、続けて「自分の責任は自分で取るけれど、それだけでは何も解決しない。ちゃんともとから絶たなければ」と話したという。

坂本弁護士一家殺害事件、松本サリン事件

# 端本《はしもと》悟《さとる》

# 私は命乞いのようなことはしたくない。

死刑確定………2007年10月26日
執行………2018年7月26日（享年51）
処刑地………東京拘置所

豊田亨に続き刑を執行された端本悟は、早稲田大学法学部に入学し弁護士や青年海外協力隊に入ることを夢見ていたが、1988年春、オウム真理教に入信した高校時代の友人を脱会させるために、説得したりセミナーに参加したりしているうち自らが麻原に惹かれ信者となった。出家後、坂本弁護士一家殺害事件、松本サリン事件などに関与。逮捕後の裁判では「麻原にも検事にも騙された、ちくしょう」「麻原は八つ裂きにしても許せない」と怒りを顕にする一方、検事から坂本弁護士に馬乗りになった際の心境について聞かれると「意識なくなるまで殴る気持ちにはなれるわけないだろう」と言い、声を殺して泣き出したという。死刑確定後は再審請求をすることもなく、獄中では文学・哲学書の読書に没頭。麻原の死刑執行後、「私は命乞いのようなことはしたくない」と静かに死を受け入れる旨を話し、接見した弁護士が再審請求を提案しても首を縦に振らなかったそうだ。

# 広瀬健一《ひろせ けんいち》

## 地下鉄サリン事件

死刑確定……2009年11月6日
執行……2018年7月26日（享年54）
処刑地……東京拘置所

私どもが
殺傷してしまったのは、
社会で誠実に生きてこられた
方々ばかりでした。
残酷な行為をした愚かさは、
悔やんでも悔やみ切れない思いです。

豊田、端本の後、東京拘置所で処刑された広瀬健一も早稲田大学理工学部応用物理学科をトップで卒業した秀才である。宗教に関心を持つようになったのは高校3年のとき「家電商店で値引商品を見て、むなしさを感じた。生きる意味を意識し始めた」のがきっかけで、大学院在学中の1988年3月に強度の神秘体験が起きたことにより、それまで著作を読んでいたものの胡散臭いと感じていた麻原に真理を見出し、前身団体であるオウム神仙の会に入信。後に出家し、徹底的なマインドコントロールを経て、地下鉄サリン事件に実行犯として参加、地下鉄丸ノ内線・御茶ノ水駅で、車内でサリンが入った袋に傘を突き刺し、散布した。逮捕後の公判中に洗脳が解け、死刑確定後に獄中で綴った手紙には上記の文章の他、「松本被告人の奇妙な言動が伝わるたびに、彼を神と誤解し、指示されるままに多くの方々を殺傷した自己の愚かさが身にしみました」とも記されていた。

# 岡崎《おかさき》一明《かずあき》

坂本弁護士一家殺害事件ほか

（麻原彰晃へ向け）

## 多くの被害者とご遺族の為にも貴方の総てを語ってほしかった。

死刑確定……2005年4月7日
執行……2018年7月26日（享年57）
処刑地……名古屋拘置所

2018年7月26日には、名古屋拘置所でも2人のオウム信者の死刑が執行された。1人目は岡崎一明。1979年に高校を卒業して以降、7年間、幾つもの職場で営業職に就いていたものの、成績ばかりを気にする生活に嫌気が差し、たまたま手にした雑誌『ムー』や『トワイライトゾーン』で語る麻原の思想に感動、1986年に山口県から上京し、25歳で出家した人物だ。坂本弁護士一家殺害事件では麻原の命令を受け一家3人の殺害、死体遺棄に加担。その後、1989年の教団の宗教法人化の際、古参幹部でありながら役員登録から外されたことから脱会するも、1995年5月に自首、坂本事件がオウムの犯行であることを告白する。が、一審の東京地裁は、自首を「教団によって殺されることから逃れるための自己保身」と認定し死刑を宣告。高裁、最高裁もこれを支持し刑が確定した。上記の文言は獄中で、かつて神と崇め奉っていた麻原への思いを綴った手記の最後の一節である。

## 横山《よこやま》真人《まさと》

### 地下鉄サリン事件

（執行2週間前に接見した弁護士に）

# これまでお世話になりました。

死刑確定……2007年7月20日
執行……2018年7月26日（享年54）
処刑地……名古屋拘置所

横山は東海大学卒業後に就職した沖電線で産業用ロボットの設計を担当していた1988年2月、書店で手に取った麻原の著書に感銘を受け、翌年5月、家族の反対を押し切りオウムに出家した。教団では機械班に所属し、ビラ配りロボットやホバークラフトの作製などを任されていたが、地下鉄サリン事件の実行犯に任命され、その役を担う。横山がサリンを散布した車両では死者が出なかったものの、大量殺傷事件の共同正犯として裁かれ2007年に死刑が確定。公判時同様、その後も事件についてほとんど語ることはなかった。麻原の死刑執行から1週間後の2018年7月13日、収容先の名古屋拘置所に面会に訪れた担当弁護士が「次、いつ（死刑執行が）あってもおかしくないよね」と話したところ、にこにこしながら「そうですよね」と返答。「また会えるかな？」の問いかけには「これまでお世話になりました」とだけ答えたそうだ。執行はその13日後だった。

松本サリン事件、地下鉄サリン事件

# 林泰男《はやしやすお》

死刑確定………2008年2月15日
執行………2018年7月26日(享年60)
処刑地………宮城刑務所

# 生かされ感謝しています。

地下鉄サリン事件で、広瀬健一、横山真人、豊田亨、林郁夫(唯一、無期懲役判決)の実行犯4人がサリンの袋を2つ持っていたのに対し、林は彼らより1つ多い3パックを携帯し犯行に臨んだ。1995年3月20日朝、北千住駅から千代田線に乗車し、新御茶ノ水駅への停車直前でサリンのパックを傘で刺し散布。他の実行犯より多くの被害を出したことから、マスコミは林を、オウムへの忠誠心が厚くダーティーワークも厭わず実行する「殺人マシーン」と呼称する。犯行後、恋人と逃走・潜伏していた沖縄県石垣市で1996年12月に逮捕。公判では、麻原について、現在は信仰心がないと述べるとともに、事件当時は「絶対的な存在で指示には逆らえなかった」と供述した。麻原の死刑執行2日後の2018年7月8日、林は「もうこの手紙が届くときには生きていないと思います」と弁護士に手紙を送り、同月13日、最後に面会した際には「生かされ感謝しています」と語ったそうだ。

## 福岡3女性連続強盗殺人事件

## 鈴木泰徳《すずきやすのり》

死刑確定………2011年3月8日
執行………2019年8月2日(享年50)
処刑地………福岡拘置所

# 都合のいいことを言うな、と言われるでしょうが、生きて償う道を与えてほしい。

2004年12月12日から翌2005年1月18日までの約1ヶ月間で、福岡県飯塚市に住む専門学校生(当時18歳)、同県北九州市のパート従業員(同62歳)、福岡市の会社員(同23歳)の女性3人が相次いで刺殺される事件が起きた。同年3月8日、警察は福岡市で殺された女性の携帯電話を持っていた同県直方市のトラック運転手、鈴木泰徳(同35歳)の身柄を拘束。3女性の殺害を認めたため逮捕する。動機は、借金返済を目的とした強盗、性的欲求を満たすための強姦という身勝手なものだった。上記の言葉は2007年11月10日、福岡高裁での控訴審第3回公判で、裁判官の被告人質問に対する鈴木の返答である。が、高裁は「人命軽視も甚だしく、刑事責任は極めて重大」として控訴を棄却し、一審の判決どおり死刑を宣告。最高裁もこれを支持し刑が確定した。執行はその8年後。本書122ページの庄子幸一とともに、元号が令和に変わって以降、初の死刑執行だった。

# 庄子《しょうじ》幸一《こういち》

## 大和連続主婦強盗殺人事件

# ただ痛恨！

死刑確定………2007年11月6日
執行………2019年8月2日（享年64）
処刑地………東京拘置所

2001年8月28日、庄子（当時46歳。無職）は、交際していた女と共謀し、女の顔見知りである神奈川県大和市の主婦（同54歳）が住むマンションに侵入、ベルトで首を絞めた後、出刃包丁で腹部を突き刺して殺害し、現金約23万円と、奪ったキャッシュカードを使い銀行のATMから現金約41万円を奪取した。22日後の9月19日、2人は、女の子供と同じ小学校に通う娘を持つ同市の主婦（同42歳）の自宅マンションに押し入り、主婦の両手首、両足首を粘着テープで緊縛し暴行を加えて強姦した挙げ句、水を張った浴槽に主婦の顔を押しつけて窒息死させた後、現金6万円を奪い逃走した。警察の公開捜査により寄せられた情報をもとに、同月26日、逮捕。裁判では庄子に死刑、女に無期懲役判決が下され最高裁で確定した。上の台詞は2008年実施のアンケート（本書72P参照）に対する庄子の回答の最後に書かれていた一言。執行は刑確定から12年も後のことだった。

## 福岡一家4人殺害事件

## 魏巍《ウェイ・ウェイ》

# どんな言葉も無力でしょうが、心からお詫び申し上げます。

死刑確定……2011年10月20日
執行……2019年12月26日（享年40）
処刑地……福岡拘置所

中国・河南省出身の魏巍（事件当時23歳）が、福岡市内の日本語学校へ通うため留学し、同市内のアパートで暮らし始めたのは2002年秋のこと。そこに転がり込んできたのが同じ学校に通う王亮《ワンリアン》（同21歳）。2人は年間60万～70万円の学費・生活費が重荷となり、1年後、留学生の楊寧《ヤンニン》（同23歳）を誘い凶行に打って出る。2003年6月20日に福岡市東区の衣料品販売業者の男性（同41歳）宅に侵入し、男性と妻（同40歳）、長男（同11歳）、長女（同8歳）の首を絞め殺害。現金3万7千円を強奪した後、遺体を博多港内の海中に投げ入れたのだ。ほどなく王と楊は中国に帰国。魏だけが日本で逮捕され、裁判にかけられる。上記の言葉は2006年12月14日、福岡高裁での控訴審で、弁護側が提出した魏の謝罪文の一節で、これを証拠に減刑を訴えるも、判決は一審と変わらず死刑（上告審で確定）。なお、王は中国内で逮捕され死刑（執行済み）、楊には無期懲役判決が下された。

# 高橋《たかはし》義博《よしひろ》

## 医師ら生き埋め殺人事件

殺人は
突発的なものなんです。
だから私は再審で
無罪を訴えています。

死刑確定………2006年10月26日
死亡………2021年2月3日（病死。享年71）
死亡地………東京拘置所

1992年7月、東京・目黒で不動産会社を経営していた高橋義博（当時42歳）は暴力団組長から借りた約2億円の返済を迫られていた。そこで、知り合いの男性医師（同36歳）が不動産売買で得た約12億円を奪おうと計画。同月23日から24日、会社の部下3人に命じて、医師の資産を管理していた美容院経営者（同32歳）と医師をマンションに監禁したうえ、医師から現金約79万円や銀行口座の約200万円を強奪した後、2人を栃木県藤原町（現・日光市）の国有林内の穴に生き埋めにして殺害した。事件の主犯格として逮捕された高橋は裁判で「事前に殺害の指示はしなかった」「殺人は実行行為の前に中止されたと思っていた」と強盗殺人への関与を否定するも、判決は一審から最高裁まで全て死刑（共犯の3人は無期懲役）。確定後も無罪を訴え、2008年実施のアンケート（本書72P参照）では上記のように回答していたが、第二次再審請求中の2021年、急性冠症候群により獄死した。

# 母を頼む。わしは死ぬ。

## 藤城《ふじしろ》康孝《やすたか》

加古川7人殺害事件

死刑確定……2015年5月25日
執行……2021年12月21日（享年65）
処刑地……大阪拘置所

2004年8月2日午前3時半頃、兵庫県加古川市に住む無職の藤城康孝（当時47歳）が、自宅東隣に住む伯母（同80歳）と長男（同55歳）、次男（同46歳）、自宅西隣に住む親類の男性（同64歳）、妻（同64歳）、長男（同27歳）、長女（同26歳）の7人を牛刀で殺害した。以前から親類に自分や自分の家族を邪魔者扱いされていると感じ、その恨みを晴らすための大量殺戮だった。40分で犯行を終えた藤城は母親が就寝中の自宅に戻り家に火をつけた後（母親は逃げて無事）、弟宅に寄り「母を頼む。わしは死ぬ」と口にしガソリンで焼身自殺を図るも止められ失敗。車で逃走中に大怪我を負う事故を起こし逮捕される。公判で藤城の弁護側は「被告は犯行当時、心神喪失の状態だった」と主張するも、神戸地裁は「嫌がらせやいじめを受けた事実などを考慮しても、7人もの生命を奪った被告人の罪責はあまりに重大」として死刑を宣告。高裁、最高裁もこれを支持し刑が確定した。

# 加藤《かとう》智大《ともひろ》

## 秋葉原無差別殺傷事件

死刑確定……2015年2月17日
執行……2022年7月26日(享年39)
処刑地……東京拘置所

首に食い込む
錆びたワイヤー
迎えられないニューイヤー
後はよろしく葬儀屋

幼少期から母親による虐待を受け、派遣労働者として職を転々とする過程で社会から孤立、2008年6月8日、25歳のときに東京・秋葉原で未曾有の無差別殺人(犠牲者7人)を起こした加藤智大。公判中も他者を拒絶してきたものの、最高裁で死刑が確定した2015年以降、加藤は「死刑囚表現展」へ絵画や文章などを出展し自分の思いを吐露。2018年には「人生ファイナルラップ」と題されたラップ調の詩を発表する。「母の夢は絵に描いた餅　京大は俺には無理な口　押しつけられたスタート位置〜中略〜残り人生あと何周？　不満はない安い月収　気にしていない顔の美醜　望んだのは居場所の補修　路面蹴飛ばすリアタイヤ　漂流(ドリフト)してたら溝ないや　きついカーブで上げたギヤ　判断ミスの狭い視野　このクラッシュかなりデンジャー」。これに続く最後の一節が上記の詩だ。迫り来る死をラップにした加藤が刑場に消えるのは、それから4年後のことである。

# 上田《うえた》美由紀《みゆき》

## 鳥取連続不審死事件

# 夜遅いからって
# ラーメンばっかり
# 食べちゃいけんよ。

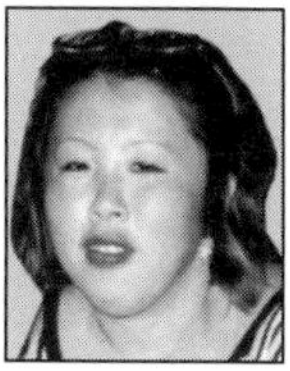

死刑確定……2017年8月23日
死亡……2023年1月14日（病死。享年49）
死亡地……広島拘置所

　2004年から2009年、鳥取県内で6件の連続不審死事件が発生。このうち2件の強盗殺人を働いたとして逮捕されたのが元スナックホステスの上田美由紀（当時35歳）である。公判で上田は一貫して無罪を主張したが、判決は死刑。上の文言は最高裁での確定判決直後の2017年8月25日、松江刑務所にインタビュー取材に訪れた記者に対し彼女が放った最期の言葉である。帰宅がいつも遅いため、家の近くのラーメン屋で食事を済ませることが多いという記者を気遣ってのことだった。その後、上田は広島拘置所へ移管され、執行のときを待つが、高血圧や狭心症など複数の病気で投薬治療を受け、2023年1月10日には食事を喉に詰まらせて救急搬送される。そして4日後の14日16時過ぎ、拘置所の自室でまたも食べ物を喉に詰まらせ、窒息死。"最期の晩餐"となった夕食は、白米、やきそば、玉子焼き、ハムとポテトサラダのフライ、スパゲッティサラダ、つみれの6品目だった。

Column

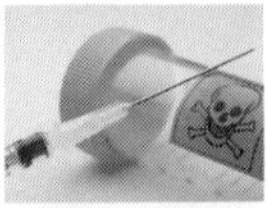

# 世界の死刑と処刑の最新事情

## 先進国で死刑があるのは日本とアメリカの一部

世界最大の国際人権ＮＧＯ、アムネスティ・インターナショナルの発表によれば、２０２２年、世界では20ヶ国で死刑が執行され、総件数は前年比53％増の８８３件だった。執行件数の多いのはイラン（５７６件）、サウジアラビア（１９６件）、エジプト（24件）が上位３ヶ国で、サウジアラビアでは１日で81人が処刑されたこともあったという。ただし、この中には数千件が死刑になったとされる中国と、秘密主義を貫く北朝鮮は入っておらず、実際の総数は５千件に上る可能性もあるらしい。

２０２２年末時点で、世界１９９ヶ国で死刑を制度化（存置）している国は78。地域ではアジア、中東、北アフリカが大半を占めるが、このうち25ヶ国が死刑制度はあるものの執行を廃止しており、ロシアは１９９６年の欧州評議会加盟時に停止（２０２２年３月に除名。ウクライナ侵攻を背景に昨今、死刑復活論が高まりを見せている）、韓国では１９９７年に23人が処刑されてからは完全に凍結している。

先進国でみると、旧くから人権意識の高いヨーロッパではポルトガルが１８６７年に廃止したのを皮切りに１９４０年代後半から１９８０年代にかけて欧州全土で廃止（ＥＵ＝欧州連合は死刑廃止が加盟条件）。カナダは１９７６年、オーストラリアは１９８５年、南米13ヶ国ではブラジルが１９７９年、アルゼンチンが２００９年に撤廃し、唯一の存置国であるガイアナもテロリストのみを対象としている。

対し、先進国で現在も死刑を実施しているのは日本とアメリカだけだ。ただしアメリカは全50州のうち23州で廃止しており（直近では２０２１年にバージニア州が撤廃）、他27州でも２０１９年末時点でカリフォルニア、アイダホなど14州で、ここ10年間、執行例がない。逆に最も執行数が多いのがテキサス州で１９７７年から２０２２年までの46年間で全米で処刑された１千５８８人のうち５７８人、実に36・４％を同州が占める。

２０１９年に内閣府が18歳以上の男女１千５７２人に行った調査によれば、80・８％が「死刑もやむをえない」と回答。その理由は多い順に「被害者や家族の気持ちがおさまらない」「殺人などの凶悪犯罪は命をもって償うべきだ」「凶悪犯を生かしておくと同じ罪を犯す危険がある」だった。日本人の感覚からすればごく普通と思える結果だが、世界、特に先進国の考えは「裁判に誤りがあったら取り返しがつかない」「どんな理由であっても国家による殺人を肯定しない」などの理由から制度撤廃が潮流。こと死刑に関しては、日本は世界でも稀な国と認識しておかねばならない。

## 言い渡しは当日の朝食直後

近年、死刑存置国の間で実施されている主な処刑方法は絞首刑、銃殺刑、電気椅子、ガス殺（ガス室）、薬殺刑（薬物注射）の5つだ。マリー・アントワネット（本書139P）の処刑手段として有名なギロチンによる斬首刑は、受刑者の苦痛を和らげる目的で1791年からフランスで、またナチス政権下のドイツで多用されたが、それぞれ1981年と1949年に廃止され（東ドイツは1987年廃止）、現在、採用している国はない（斬首刑自体はサウジアラビアとナイジェリア北部で現在も制度として残っている）。

このうち、日本が採用しているのが首にロープを巻き自分の体重で縊死させる絞首刑だ。現在、絞首刑は他にシンガポール、インド、エジプトなどで採用されているが、ここでは日本の場合を例に、執行までの流れを説明しよう。

死刑が確定した者は全国7ヶ所にある拘置所の独房に収容され平均8年を過ごす。面会や文通が許されるのはごく限られた親族や再審手続きなどを行う弁護士、そして教誨師だ。教誨師とは刑務所や拘置所で宗教活動を行う僧侶、牧師、神主のことで、活動は主に死刑囚の心のケア。個人的な悩みや犯した罪への懺悔を告白したり、法話を聞いたり、キリスト教では賛美歌を合唱することもできる。実際、教誨師と会い話すことで、心を落ち着かせたり処刑を受け入れたり、中にはクリスチャンの洗礼を受ける死刑囚もいる。

日本で最も多くの確定死刑囚が収容され、死刑執行件数も国内最多の東京拘置所

執行が告げられるのは当日午前7時25分の朝食のあとだ（土日祝祭日、年末年始を除く）。そのため独居房の死刑囚は平日の朝、常時緊

張にさらされることになる。廊下を歩く看守の足音がいつもより多くないか、普段と違う動きがないか。いつ執行の時を迎えてもおかしくない彼らは〝死のサイン〟に敏感で、朝食後、部屋のドアが開けられ、そこに担当看守とは違う刑務官が立っていれば、自ずとその意味を悟ることになる。

最も多く死刑囚が収容されている東京拘置所の場合、房から出された死刑囚は刑務官に両脇を抱えられながら、まず1階までエレベーターで移動、臨時の道を通って、盛り塩と香炉が置かれた刑場の扉にたどり着く。そこで最初に通されるのが教誨室。部屋に線香が焚かれるなか、教誨師は対面で最後の説教・説法を行う。仏教であれば「仏は皆を救うのだから○○さんも極楽浄土に行けますよ」といったもので、時間は15分程度だ。

教誨を終えると、入ってきたところとは別のドアから出て10メートルほどの廊下を歩き「前室」に通される。縦5・8メートル、横4・2メートル、天井までの高さは3・8メートル。壁には金色の仏像がはめ込まれている。ここで死刑囚は、正式に死刑執行を告げられる。そして、拘置所長や刑務官らと別れの挨拶を終えると、被害者や遺族への謝罪や祈り、飲食、拘置所によっては喫煙が許される。

拘置所長が最期に言い残したいことはないか尋ねる。むろん、何も話さなくとも構わないし、言葉にできなければ遺書を書くことも可能。ただ、時間は5分程度に限られており、現実には前もって担当刑務官や教誨師に遺言を委ねている場合が多いようだ。

## 3人の刑務官がボタンを押し絞首刑執行

一連の儀式が終わると、いよいよ執行の時となる。教誨師の読経が響き渡るなか（仏教の場合）、死刑囚はガーゼで目隠しをされ、後ろ手に手錠をかけられる。同時に、前室の横にあったカーテンが開かれ、天井の滑車からロープが垂れ下がった「執行室」が現れる。広さは前室と同じ程度で、中央には110センチ四方の赤枠、その中には90センチ四方程度の「踏み板」がある。むろん、目隠しした死刑囚が、その光景を見ることはない。

執行室には刑務官3人と保安課長が死刑囚とともに入室。保安課長は執行室の奥にある「ボタン室」の前に進み、中にいる執行担当者3人から見える位置に立つ。死刑囚を赤枠の中に立たせ両足をヒモで縛り首にロープをかけ（ロープの首に当たる部分は革で覆われている）、長さを調整すると準備完了。保安課長の指示により、執行担当の刑務官が一斉にボタンを押すと、踏み板が外れ死刑囚の体が宙吊りになる。ただし、実際に踏み板と連動しているのは1つのボタンだけ。これは、執行担当の3人の精神的負担を考慮し、自分のボタン操作で死刑囚の命を奪ったと思わせないようにするためだ。なお、拘置所にはボタンの故障などで操作できなかった場合に備え、別途、床板を操作できる非常用のハンドルがあるそうだ。

踏み板が外れ、死刑囚が執行室の下に落とされると同時に、地下に控えていた2人の刑務官が死刑囚の体を受け止める。これは落下の衝撃で体に余計な傷が付いたり体液が飛び散って刑場が汚れないようにする他、抱きかかえることで、死刑囚の体がロープのねじれでぐるぐる巻きになるのを防ぐためだ。

絞首された死刑囚は自分の体重により左右頸動脈と両側椎骨動脈を完全に圧塞されることで、最短でも5～8秒、長ければ2、3分苦痛を感じ、その後、脳虚血から脳死を起こし、最終的に心臓が停止し死に至る。痙攣などの動きが止まると、医務官が死亡を確認するが、規定により死亡確認後5分間は遺体はそのままの状態で置かれることになっている。

東京拘置所内にある刑場。左の部屋で3つのボタンが押されると、その1つに反応して右の部屋中央の踏み板が落ち死刑囚の首が吊るされる

死亡確認が終わり規定の時間が過ぎると、死刑囚の首からロープが外され、遺体に湯灌《ゆかん》が施され棺桶に納められる。そして、立ち会いの検察官（もしくは検察事務官）と拘置所長が「死刑執行始末書」にサインと捺印し、一連の手続きは終了。遺体はあらかじめ決めてあった引き受け先に渡され葬儀をすることも可能だが、実際は家族に縁を切られるなどで引き取られた例は少なく、大半は死刑を執行した拘置所長の責任下で葬儀・火葬・埋葬が行われているようだ。

## 静脈に3種類の薬物を注入

日本と同じく民主主義体制における死刑存置国アメリカでは、死刑囚が収容されている施設が置かれた州の知事がゴーサインを出し、執行されることになっている。言い渡しは日本のように当日とは決まっていないため、死刑囚によっては執行前に家族を招いて最期の宴を開いたり、メディアの取材に応じるケースも珍しくない。

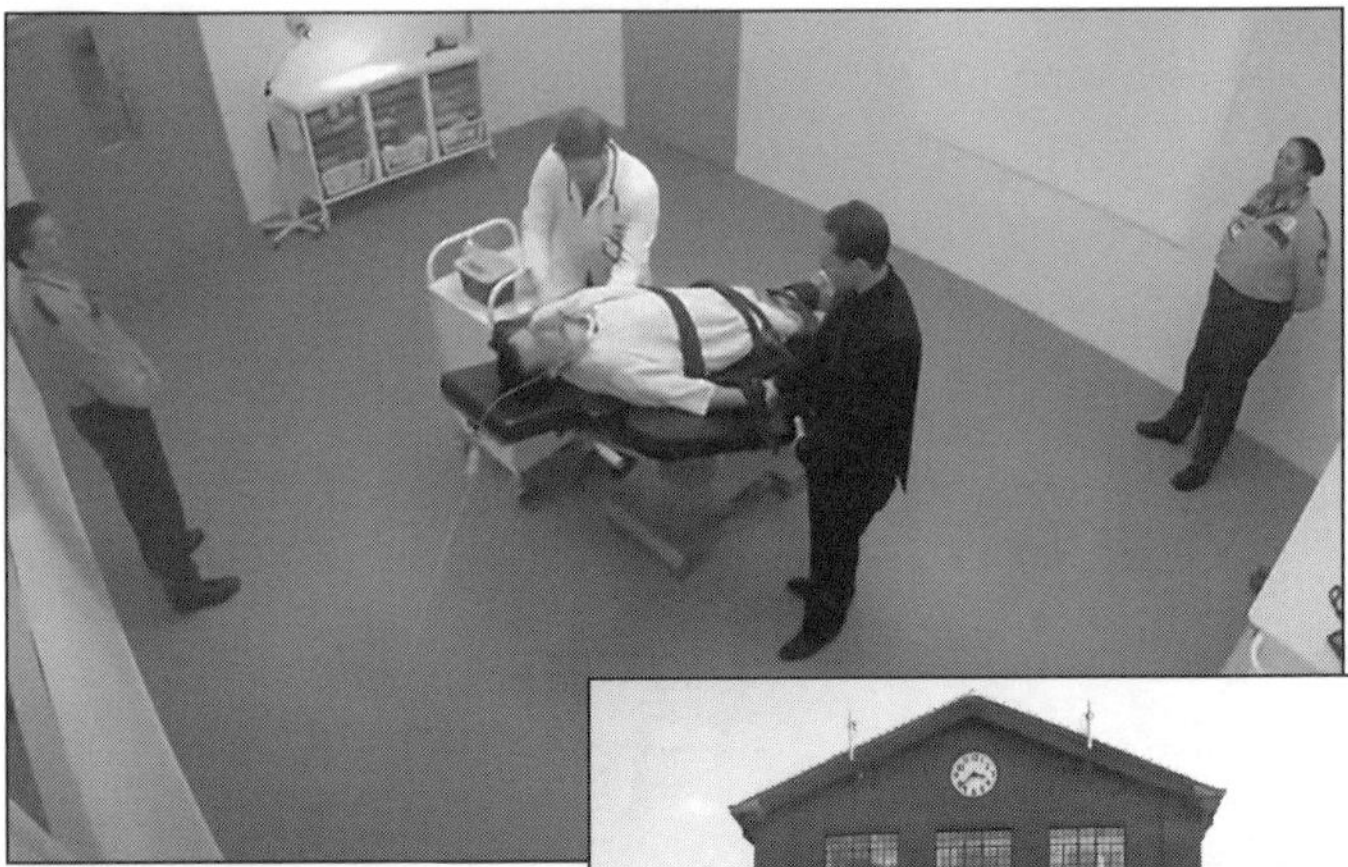

薬物注射による死刑の様子を写した1枚。ベッドに仰向けにされた死刑囚に医師が薬物を注入するための静脈カテーテルを装着している

アメリカで最も死刑執行件数が多いテキサス州立ハンツビル刑務所

執行方法は薬殺刑（薬物注射）が最も多いが、州によっては処刑方法を死刑囚が指定でき、アリゾナ州、フロリダ州、ミズーリ州では薬物かガス、オクラホマ州やサウス・カロライナ州では薬物・電気椅子・銃殺のいずれか、テネシー州では薬物か電気椅子、ユタ州では薬物か銃殺で選択可能。テキサス州やサウス・ダコタ州、オハイオ州などは薬物注射以外に選択肢はない。

全米で最も死刑執行件数の多いテキサス州を例に、まずは薬物注射による処刑の流れをみていこう。

同州で死刑が言い渡された死刑囚は最終的にウォーカー郡のハンツビル刑務所に送られる。処刑日が近くなると死刑を執行する部屋の後ろにある独居房に移動。ここで牧師と時間を過ごす。牧師は日本における教誨師のような役割で、死刑囚の言葉を聞いたり宗教的なガイダンスを行ったり、時には執行の手順を説明する場合もある。

死刑囚が執行室（縦横約6メートル）に移されるのが通常、当日の18時。ベッドに仰向けになり両腕を広げた状態で固定され、2本の静脈カテーテルを挿入される（1本はバックアップ用）。手続きを行うのは医師や刑務所職員数人。この後、死刑囚側、被害者側の関係者が別々の部屋に通される。執行室の壁にカーテンのついた窓があり、彼らはそこから執行を見届けることになる。そして、死刑囚は頭上に置かれたマイクを通し最期の言葉を残す。対する家族や関係者の言葉も死刑囚の耳に届くようになっている。

こうして準備が完了すると、刑務所長が合図を送り職員が全員部屋から退出。違う部屋で待機している数人の職員がボタンを押し、自動で3種類の薬物が段階的に死刑囚に注入される。まずは意識を失わせるための睡眠薬、次に筋肉の動きを弱めて呼吸を停止させる筋弛緩剤、最後は塩化カリウム溶液が注入され心臓が停止する。

死に至るまでの過程は心電図でモニターされており、通常7分で処刑完了。数十分で死亡の宣告がなされ、遺体は引き取り手がある場合を除き、刑務所から3キロほど離れた墓地に埋葬されるという。

## 電気椅子、銃殺、ガス室での執行は稀

電気椅子による死刑は、まず被執行者を木製の椅子に座らせ、頭部、胸部、胴部、両手、両足首に革、もしくはゴムのひもで固定するところから始まる。次に、ヘルメット状の1つ目の電極を後頭部に、2つ目の電極を足首に取り付けて準備完了。執行人が2千ボルトの高電流を流すと、死刑囚は即座に意識を失い、その後、内臓に深刻なダメージを与え死に至る。このとき、皮膚や頭髪の一部は電流により焼かれるばかりか、多くの生体機能の制御を失われるため、尿も便も垂れ流し状態。よって死刑囚の大半が、おむつの着用を勧められるそうだ。

いかにも残酷なこの処刑法は、1997年7月に執行された死刑囚が胸部と鼻から流血した様子がメディアで報じられたことに加え、即死できず数回の高電流を流された事例が数件報告されたことから一気に衰退した。それでもア

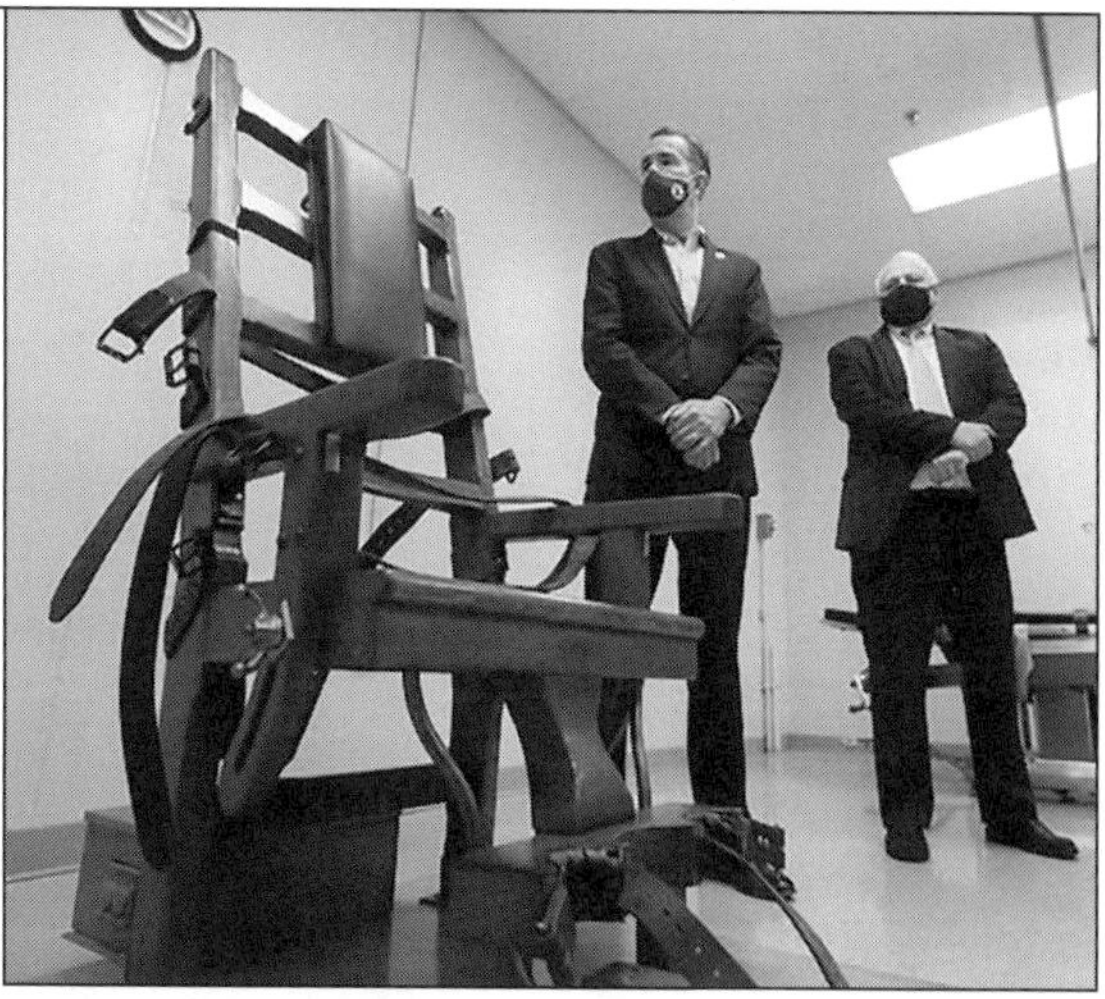

2023年2月、米テネシー州ナッシュビル刑務所の電気椅子を視察に来た同州議員

メリカではテネシー州など数州で現在も採用されており、2018年11月には、欧州の医薬品メーカーが死刑制度に反対し薬殺刑に使う薬物の輸出を禁止したことを受け、エドマンド・ザゴルスキー死刑囚（本書248P）が11年ぶりに電気椅子で処刑されている。

銃殺で処刑された人物といえば、イタリアの独裁者ベニート・ムッソリーニ（164P）やチャウシェスク元ルーマニア大統領夫妻（本書190〜191P）などかつて政権のトップにいた者が有名だが、現在、死刑囚に銃殺刑を認めているのは、先進国に限ればアメリカのミシシッピー、オクラホマ、ユタ、サウス・カロライナの4州だけだ。

刑を執行するのは数人で構成される銃殺隊（ユタ州では長年、志願した5人の警官によって組織されていた）で、これは失敗を防ぐためと、日本の絞首刑同様、誰が致命傷となる弾丸を撃ったのかわからなくさせることで銃殺隊たちの心の負担や罪悪感を軽減させる目的がある。処刑法はいたって簡単で、被執行者の顔に目隠しを施したり、頭にフードをかぶせるなどして、至近距離から一斉射撃。死刑囚はほぼ即死状態で絶命する。

もっとも、実際に銃殺によって処刑される例は極めて少なく、アメリカでは過去50年で3例のみ。直近では2010年にロニー・ガードナー死刑囚（230P）が自らの選

銃殺刑の様子

択でユタ州立刑務所において銃殺刑に処された（1996年以来14年ぶり）。また、2022年4月には、1999年にサウス・カロライナ州で起こした強盗殺人の罪で死刑判決を受けていた男性死刑囚が「電気椅子と銃殺のどちらの刑罰も違憲だと考えるが、選択を強制された結果、電気椅子のほうにより強く反対する」と表明、銃殺刑になる予定だったが、物議をかもし、同州最高裁が刑の執行停止を命じている。

最後にガス室での処刑。これは第二次世界大戦時、ナチス・ドイツがユダヤ人虐殺にも使用した悪名高き殺虫剤「チクロンB」をガス室内に送り込み、死刑囚を死に至らしめる処刑法で、1939年〜1964年の間、アメリカでは電気椅子に次いで多い死刑執行手段だった。が、1977年以降、ガス室による処刑が実施されたのは11件で、1999年3月、アリゾナ州でドイツ国籍を有する男性死刑囚の執行を最後にアメリカ国内で一度も行われていない。

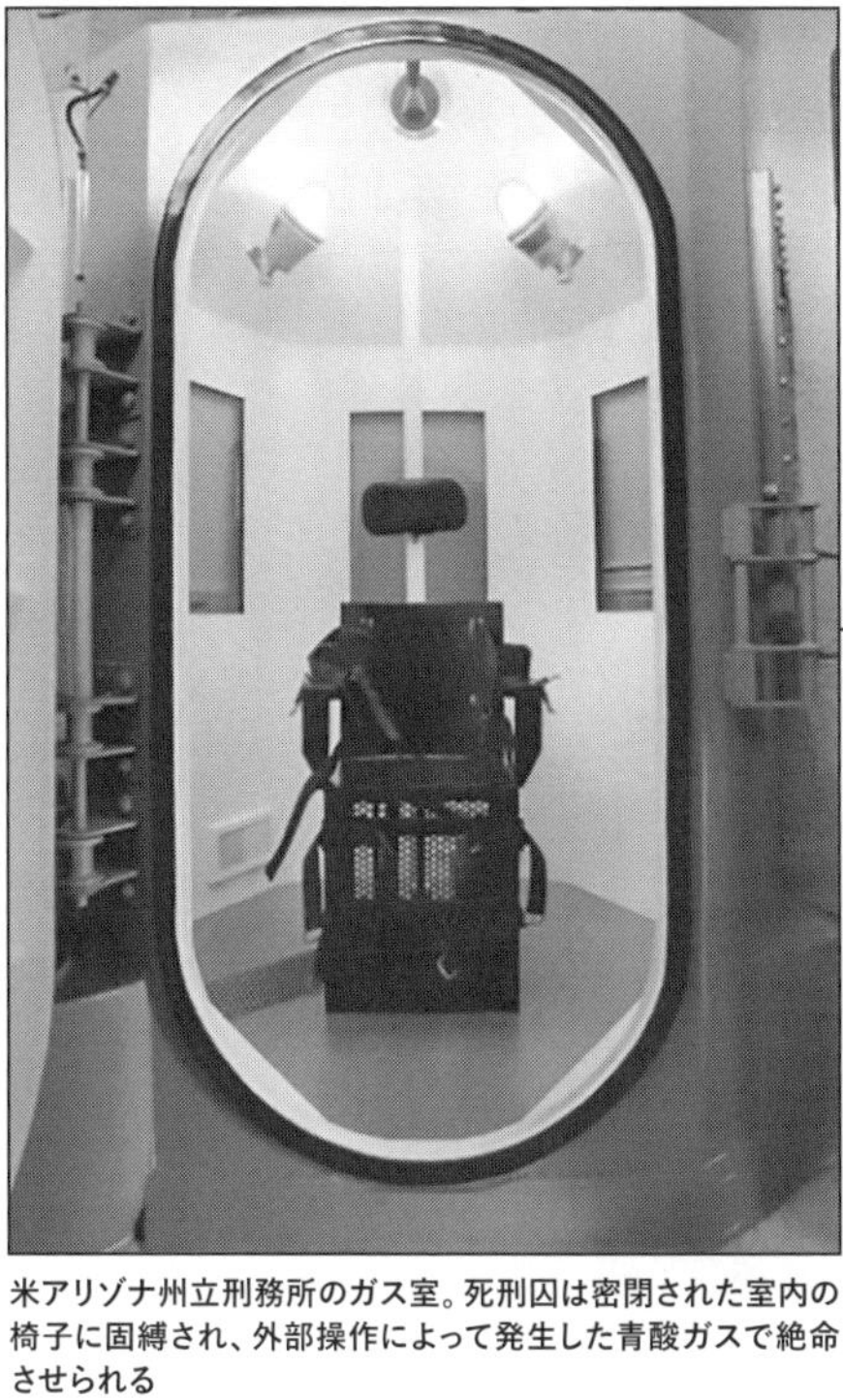
米アリゾナ州立刑務所のガス室。死刑囚は密閉された室内の椅子に固縛され、外部操作によって発生した青酸ガスで絶命させられる

全米で４００人以上を殺害したとされるアルバート・フィッシュが電気椅子での死刑執行直前に撮られた１枚
（１９３６年１月16日、米ニューヨーク州シンシン刑務所にて）

死刑囚238人
最期の言葉

# 海外編

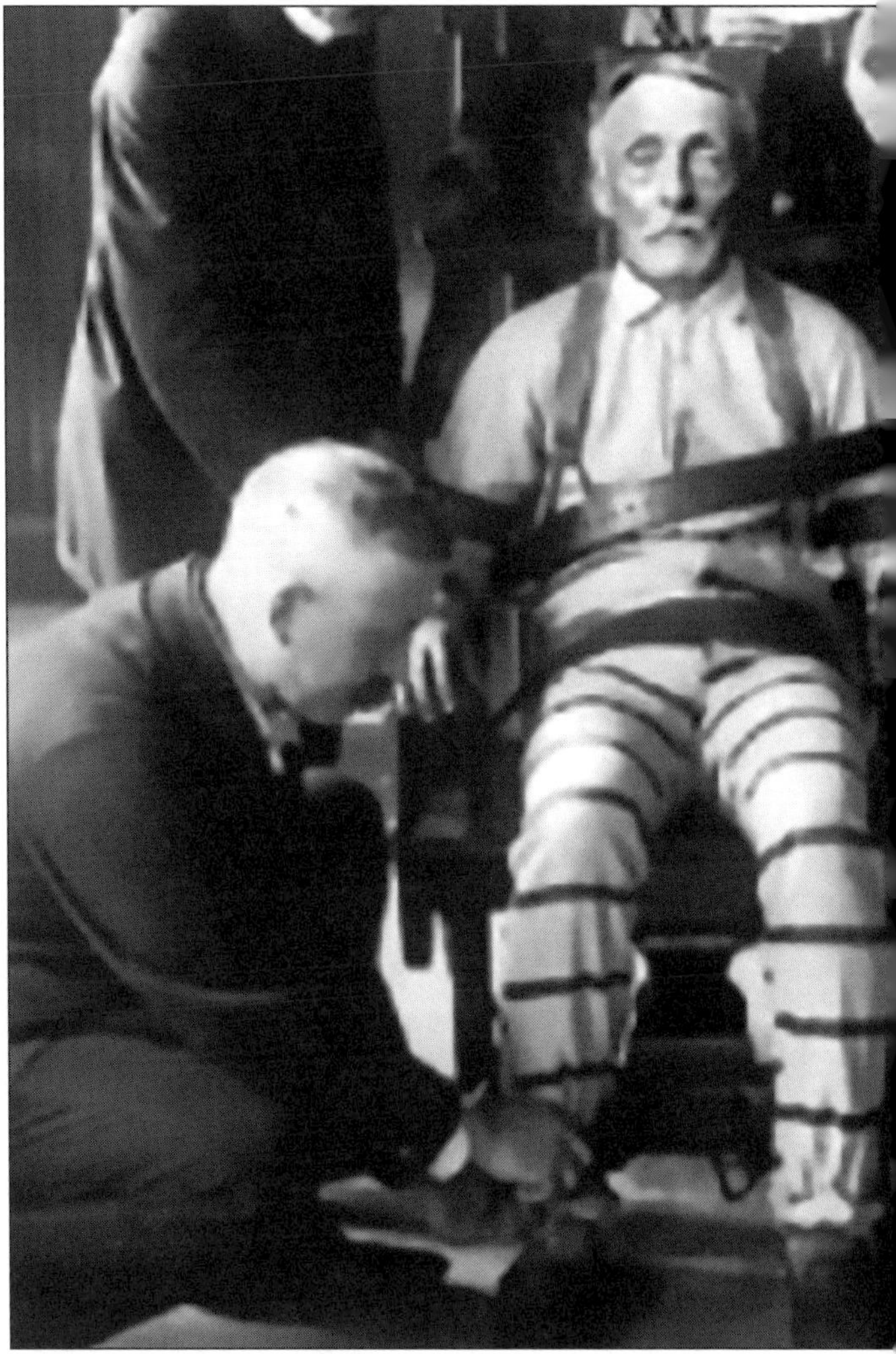

# ルイ16世（フランス国王）

## 国民への反逆罪

私の血が二度とフランスに落ちることのないように神に祈りたい。

執行……1793年1月21日（享年38）
処刑手段……斬首（ギロチン）
処刑地……仏パリ・コンコルド広場

1774年5月、19歳でフランス国王となったルイ16世は、15世時代の七年戦争などで悪化した国家財政を立て直すため、経済に詳しい学者や銀行家を登用して改革を推進した。が、アメリカ独立戦争（1775-1783）への介入で国政は地の底に転落。国民の怒りは頂点に達し、1789年7月、フランス革命が勃発する。これによりルイ16世は幽閉の身となり、1793年1月15日から始まった国王裁判で国民への反逆罪で有罪、死刑判決を下される。21日の執行当日、パリのコンコルド広場に設置されたギロチン台に立ち、ルイ16世は最期の演説を行う。「私は無実のうちに死ぬ。私は私の死を作り出した者を許す。私の血が二度とフランスに落ちることのないように神に祈りたい」。フランスへの思いが込められた内容だったが、その言葉を聞いて涙するものはおらず、この後、フランスでは、フランス革命からナポレオン戦争を通じてかなりの血が流されることになる。

# マリー・アントワネット

## 内通、公費乱用、背徳行為ほか

ごめんあそばせ。
わざとではありませんのよ。

（死刑執行人の足を踏んでしまった際に）

執行………1793年10月16日（享年37）
処刑手段………斬首（ギロチン）
処刑地………仏パリ・革命広場

右ページのルイ16世に嫁ぎ、18歳で王妃となったマリー・アントワネット。国の経済が火の車であるにもかかわらず、贅沢三昧の宮殿暮らしを送り、民衆が今日食べるパンに窮していると報告された際には「パンがなければお菓子（正確にはブリオッシュ）を食べればいいじゃないの」と現実を全く知らない言葉を口にしたというエピソードは世界的に有名である（実際はアントワネットの発言ではないとされる）。フランス革命で幽閉され、1793年10月の革命裁判で死刑判決が下る。当日、苦痛なく死ねるようにと髪を短く刈り取られたうえ、白衣に白い帽子を身に着けたアントワネットは特別な囚人として肥桶の荷車で革命広場のギロチンへと引き立てられる。そこで口にしたのが上の台詞。いかにもアントワネットらしい天然な言葉で、その直後、ギロチンが下ろされ刑が執行されると、広場に押し寄せていた何万という群衆は「共和国万歳！」と叫び続けたという。

# エドワード・H・ルロフ

## ニューヨーク妻子殺害事件

早くしろ。
夕食に間に合うように
地獄に行きたい。

執行………1871年5月18日（享年51 or 52）
処刑手段………絞首
処刑地………米ニューヨーク州

法律事務所で働いていたルロフがニューヨーク州の大学で植物学を教える教授の娘、パリエットと結婚するのは1842年。ほどなく夫婦にはプリシラという娘が生まれるが、1845年、妻が他の男性と浮気したと疑い撲殺、娘も毒殺してしまう。ルロフは自殺を試みるも死にきれず逃亡。親戚の通報により逮捕されたが、殺人の証拠はなく別件で懲役10年の刑を受け服役する。出所後は偽名を使い、獄中で独学で学んだ言語学の教授として活動するが、1858年に再び妻子殺害で起訴。しかし、逮捕寸前に逃亡を図り、その後も言語学や人類学を教える傍ら仲間と窃盗を働き、1869年に半年の懲役刑を受け服役。さらに1870年、ニューヨーク州の乾物店に強盗に入り、店員を銃殺。逮捕、取り調べでは1845年の妻子殺害についても追及され、妻の殺害のみ自供した。1871年3月に死刑判決を受け、2ヶ月後に処刑。上記の言葉は執行寸前、ルロフが口にした台詞とされる。

# メアリー・アン・コットン

## イギリス連続保険金殺人事件

# おお主よ、どうか私にどうかお慈悲を。

執行……1873年3月23日(享年40)
処刑手段……絞首
処刑地……英ダラム郡刑務所

イギリス史上初の女性連続殺人犯、メアリー・アン・コットンは1832年、同国ダラム州の貧しい炭坑夫の家庭に生まれた。厳しい現実から逃れることを夢見て1852年、20歳のときに結婚。5人の子供を授かるが、夫と子供全員が胃炎で死亡してしまう。ほどなく再婚するも14ヶ月後にまたも夫が胃炎で死去。その後、5人の子持ちの男性と結婚したが子供4人が胃炎で死亡し、1870年にフレデリック・コットンと4度目の結婚を果たす。ここでも義姉、夫、メアリーの連れ子、愛人男性などが次々と謎の死を遂げている。1871年、地元の新聞社がメアリーの過去を調べたところ、彼女の周りで不審死が相次ぎ、そのたびに多額の保険金が支払われていることが判明。警察も捜査に乗り出し、遺体からヒ素が検出されたことで逮捕となる。裁判は1873年3月5日に始まり、死刑判決を経て19日後には執行。メアリーは最期、神のご加護を求めながら絞首台の露と消えた。

# ウォレス・ウィルカーソン
## 米ユタ州バーテンダー射殺事件

# 男らしく死ぬつもりだ。

執行………1879年5月16日(享年45)
処刑手段………銃殺
処刑地………米ユタ州プロボ刑務所

1877年6月、アメリカ・ユタ州でカードゲームを巡るトラブルからバーテンダーの男性を射殺したとして逮捕されたウィルカーソン。裁判で彼は無実を主張したが、判決は死刑だった。その後、弁護側が上訴したことで死刑執行が停止されるも、ユタ準州最高裁判所はこれを棄却、刑が確定。ウィルカーソンは執行にあたり、斬首、絞首より銃殺を選択。当日は聖職者の訪問を断り、執行の寸前まで独房で妻と過ごした。いよいよ、そのときが訪れ、黒い服、白いフェルトの帽子という出で立ちで刑場へ。目隠しを断り、居並ぶ銃殺隊を前に、椅子に腰かけ「男らしく死ぬつもりだ。あなた方（死刑執行人）の目を最後までまっすぐに見ている」と口にし処刑に臨む。そして、銃弾が撃ち込まれる。が、それは心臓を外れ、ウィルカーソンは椅子から転げ落ち悶え苦しむ。絶命するまでに27分。その残酷な最期は後世にまで語り継がれている。

# これが人生だ。

## ネッド・ケリー

銀行強盗ほか

執行………1880年11月11日(享年25)
処刑手段………絞首
処刑地………豪メルボルン刑務所

ネッド・ケリーはオーストラリアの犯罪史に刻まれる悪名高きブッシュレンジャー（盗賊）のリーダーである。が、その犯行は「権力に対する反抗」が基本にあった。貧しい存在には手を出さず、それどころか紳士的に振る舞い、強盗に際しても殺害したのは警官と裏切り者１人のみ。1879年４月に警察署を襲った際は、警官たちを降伏させて留置場に監禁、警官の服を着て街に繰り出し、銀行から盗んだ２万ポンドで、人々にビールを振る舞った。こうした行動は貧困層で評判となり、彼らに食料や隠れ家が提供されることになるが、1880年６月に逮捕。裁判で死刑判決を受ける。対し、民衆は８万人に及ぶ助命嘆願書を提出したという。しかし、判決が覆ることはなく絞首刑執行。そのときケリーはいつもと変わらない様子で自ら絞首台に上り、「これが人生だ。こうなるってわかっていた」と言い残し、処刑されていったという。

# ウィリアム・ケムラー

## 内妻殺し

# 気楽にやってください。急いでません。

執行………1890年8月6日(享年30)
処刑手段………電気椅子
処刑地………米ニューヨーク州オーバーン刑務所

1889年3月29日、内縁の妻ティリーを斧で殺害したウィリアム・ケムラーは世界で初めて電気椅子により処刑された人物だ。当日、彼は17人の立会人が見守るなか、椅子に縛られ、顔を覆われ、頭に金属の拘束具を取り付けられるとき、執行人を気遣うように「気楽にやってください。私は急いでいませんから」と口にし、死を待った。刑務所長の命令で1千ボルトの電流が17秒間流される。事前のテストでは、これで速やかに失神と心停止に至るはずだった。肉の焦げる臭いがし、吐き気を催した見物人が数人、部屋から逃げ出したところで電流が切られ、ケムラーの死が宣言される。が、彼はまだ生きていた。執行人たちは慌て、今度は電流を2千ボルトに上げて、70秒間も流し続ける。皮膚下の血管が破裂、出血し、ケムラーの体が燃え、やがて黒焦げに。結局、処刑が完全に終わるまで8分を要した。この残酷な処刑器具を発明したのは、他ならぬエジソンである。

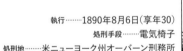

# 焦らなくていい。ただ、しくじるなよ。

## H・H・ホームズ
### シカゴ殺人ホテル事件

執行……1896年5月7日(享年34)
処刑手段……絞首
処刑地……米フィラデルフィア郡刑務所

ヘンリー・ハワード・ホームズは、1893年開催のシカゴ万国博覧会の会場近くで「ワールズ・フェア・ホテル」という名の複合ビルを所有、この中で少なくとも9人、一説には200人を殺害したとされるシリアルキラーだ。ホームズは元々医師で、妻子とともに幸福な暮らしを送っていた。が、夫婦仲が冷えると家庭を捨て、各地を転々としながら殺人に手を染めていく。ホテル建設は1891年。ホームズ城と呼ばれるほど豪華な造りで、2年後の万博開催時には多くの宿泊客で大繁盛する。が、ホテルを作った真の目的は、自身の殺人欲求を吐き出すことにあった。密閉してガスを送り込める部屋、石綿で覆われ中で被害者に火をつけ焼き殺す部屋。それら全ての部屋は迷路のような秘密の通路で繋がっていた。シカゴを離れた1894年に保険金詐欺の疑いで逮捕されたことをきっかけに、殺人ホテルの存在が発覚。上記の言葉は、ホームズが処刑前に執行人に放った一言である。

# アメリア・ダイアー

## ロンドン里子400人殺害事件

# 言い残すことなんかあるもんか。

執行……1896年6月10日(享年59 or 60)
処刑手段……絞首
処刑地……英ロンドン・ニューゲート刑務所

元看護師のダイアーが新聞広告を出し、未婚のまま出産した母親に代わり、子供を育てる里子ビジネスを始めたのは1860年代後半。当時は女性1人で私生児を育てるのは世間的にも経済的にも困難だった。ダイアーが大切に子供を育てていたら問題はなかった。が、彼女は子供の面倒をみる気は毛頭なく、金を受け取ると、強力なアヘンを使い赤子を餓死に追い込み、遺体をロンドン・テムズ川に遺棄する（犠牲者は400人以上と言われる）。事件発覚は1896年3月30日。テムズ川で、船頭が包み紙を拾い上げたことがきっかけである。よく見ると、紙の裂け目から小さな足が突き出しており、紙に「ケイバーシャム、ピゴット通り20番地、ハーディング夫人」と記載されていた。ハーディングとは、ダイアーが新聞広告を出す際に使っていた名前である。死刑執行当日、最期の言葉を聞かれたダイアーは開き直ったように上記の台詞を口にし処刑された。

# 私がジャック…。

## トーマス・クリーム

### ロンドン売春婦連続殺害事件

執行……1892年11月15日(享年42)
処刑手段……絞首
処刑地……英ロンドン・ニューゲート刑務所

1881年、米シカゴの病院で1人の男が死亡した。死因は癲癇の発作と断定されたが、何を思ったか、担当医のトーマス・クリームは遺体を墓から掘り出して解剖すべきと提言。結果、毒薬のストリキニーネが検出され、クリームは殺人罪で逮捕、終身刑を宣告される。しかし、刑務所での模範的態度が評価され10年で釈放、1891年にロンドンへ移住。同年10月から翌1892年4月までに4人の売春婦が相次いで死亡した。みな、ストリキニーネ中毒で、このときもクリームは警察に「30万ポンドで毒殺魔の正体を教えてやる」などと手紙を送る。同年6月に逮捕され死刑判決。執行直前、彼は奇妙な言葉を口にする。「I am Jack…」。これはクリームが、当時のロンドンを震撼させた謎の連続殺人魔・切り裂きジャックの正体は自分であると告白しかけたとみる向きもあるが、ジャックの犯行時(1888-1891)、彼はシカゴ在住。自己顕示欲が強いトーマスが最後についたウソだったようだ。

# ジョゼフ・ヴァシェ
## フランス11人連続快楽殺人事件

# ジャンヌ・ダルクに栄光あれ！

執行………1898年12月31日(享年29)
処刑手段………斬首(ギロチン)
処刑地………仏ブール＝カン＝ブレス

1869年、フランスの貧しい農家に生まれたヴァシェは長じて軍に入隊。除隊後の1893年、１人の少女に一目惚れするも交際を断られたことで、常軌を逸した行動に出る。銃で彼女を３度撃ち、自殺すべく銃口をこめかみに向け発砲したのだ。が、奇跡的に彼女は死なず、自分も助かってしまう。ただ、脳に食い込んだ銃弾は摘出不能で顔面麻痺のハンデを負う。これが原因かどうかは不明だが、ヴァシェは1897年４月に逮捕されるまでに少年４人、少女６人、老婆１人の計11人を殺害する。被害者をナイフでめった刺しにして殺した後、遺体を凌辱し、バラバラに切断。典型的な快楽殺人だった。公判でヴァシェは「狂犬に咬まれたことで血液が汚染され狂気を引き起こした」「自分は神から遣わされた」などと精神異常者を装った。が、下った判決は死刑。執行当日、群衆に向かい「イエスに栄光あれ！ ジャンヌ・ダルクに栄光あれ！ 殉教者に栄光あれ！」と叫び、斬首された。

# 私の墓を深く掘ってください。

## トーマス・ケッチャム

### 列車強盗

執行……1901年4月26日(享年37)
処刑手段……絞首
処刑地……米ニューメキシコ州ユニオン郡

19世紀末の米ニューメキシコ州で、兄サムとともに数多くの列車強盗を働き「ブラックジャック・ケッチャム」の異名を取った無法者。1899年8月16日、ターゲットの列車を馬で襲撃した際、車掌にショットガンで腕を撃たれ落馬、病院で治療を受けたものの右腕を切断することとなる。その後の裁判で「鉄道列車に対する重罪暴行」の罪で絞首による死刑判決。当時、鉄道への攻撃は重罪だった。執行当日、ケッチャムは黒い帽子を被せられ、絞首台に上がった。そして「さようなら。私の墓を深く掘ってください」と口にし、首を吊られたが、ロープは長すぎたことに加え、刑務所収監中にケッチャムの体重がかなり増えていたため、体ごと地面に転落。その瞬間、首から切られた頭部が転がり、辺りは血の海になったという。ちなみに、ケッチャムの遺体を写したポストカードも人気を集め、その頭部は観賞用に再び体に縫い付けられ墓地に埋葬されたそうだ。

# マタ・ハリ

## 第一次世界大戦時のスパイ容疑

私に触らないで。
私は目隠しも
縄もいらない。

執行………1917年10月15日（享年41）
処刑手段………銃殺
処刑地………仏サンラザール刑務所

1876年、オランダに生まれたマタ・ハリは天性の美貌とヌードに近い踊りでフランスにて一世を風靡し、貴族社会、外務省、軍当局、各国大使館首脳らの共通の愛人として、パリの上流社会に自由に出入りした。1914年に第一次世界大戦が始まると、ドイツとフランスの二重スパイとなり諜報活動に従事するも、終戦1年半ほど前の1917年2月、ドイツの在スペイン駐在武官がマタ・ハリを暗号名「H-21」なるドイツのスパイとした通信がフランスによって解読され逮捕、同年7月の軍法会議で死刑判決を受ける。マタ・ハリのスパイ活動は素人の域を出なかったが、同年にフランス陸軍内で暴動があり、そこから国民の目を逸らすため人気者だった彼女を利用したのだという。処刑前、マタ・ハリは泰然自若としており、気付けのラム酒一口は受けたものの、目隠しと木にくくりつけられることは拒絶。銃弾の雨のなか、41年の生涯に幕を閉じた。

# アンリ・デジレ・ランドリュー

## 未亡人連続11人殺害事件

私のことよりも、あなたの魂を救うことを考えなさい。

執行……1922年2月25日（享年52）
処刑手段……斬首（ギロチン）
処刑地……仏ヴェルサイユ刑務所

1914年、第一次世界大戦が勃発すると、夫を失った女性たちに向け、ランドリューは新聞広告を出す。「当方まじめな男性、35歳から45歳にかけての未亡人、または愛に恵まれていない女性を求む」。これに反応し、手紙を送ってきた女性の中から財産を持つ者を選別、パリ郊外のヴェルヌイエに借りたアパートで、1915年から1919年にかけ、わかっているだけで10人の未亡人と男性１人（被害女性の息子）を殺害し、遺体を自宅のストーブで焼却する。逮捕は1919年４月。1921年11月から始まった裁判でランドリューは殺害遺体がないことを盾に無罪を主張。常に上品な態度を保ち、何事も穏やかに否定し、皮肉な冗談を口にした。しかし、下った判決は死刑。執行当日、立ち会いの神父に上記の言葉を残し断頭台に向かったという。処刑から25年後に公開されたチャップリンの監督・主演映画「殺人狂時代」がランドリューをモデルにしていることは、つとに有名。

# ニコラ・サッコ

## サッコ・ヴァンゼッティ事件

# さようなら、お母さん。

執行……1927年8月23日（享年36）
処刑手段……電気椅子
処刑地……米マサチューセッツ州チャールズタウン州立刑務所

1920年4月15日、米マサチューセッツ州ブレインツリーで製靴工場が襲撃され、男性2人が射殺されたうえ、1万6千ドルが強奪される事件が発生した。翌月、事件の容疑者として逮捕されたのが、アナーキストのイタリア系移民、ニコラ・サッコ（当時28歳）と、左ページのバルトロメオ・ヴァンゼッティ（同31歳）。サッコは襲撃された製靴工場で働いており、事件当日休暇を取っていた。が、物的証拠は皆無。当時、アメリカ国内で広く行われていた共産党狩りの餌食になったようだ。サッコは裁判で無罪を主張するも、1921年7月14日、第一級殺人罪で有罪となり死刑判決を受ける。対し、国内では不当な審理、判決に対し暴動が起き、処刑は延期。執行はそれから6年後で、最期にサッコは「さようなら、お母さん」と言い残し電気椅子で処された。マサチューセッツ州知事が、サッコとヴァンゼッティの無実を正式に公表したのはそれから50年後、1977年のことだ。

# バルトロメオ・ヴァンゼッティ

## サッコ・ヴァンゼッティ事件

私は無実であり、いかなる犯罪にも関与していないことをお伝えしたい。

執行………1927年8月23日(享年39)
処刑手段………電気椅子
処刑地………米マサチューセッツ州チャールズタウン州立刑務所

右ページのニコラ・サッコとともに、無実の罪で死刑となったヴァンゼッティは1888年、イタリア・ピエモンテ州クーネオ県ヴィッラファレットの農家の息子として生まれた。新天地での暮らしを夢見て1908年、20歳のときアメリカへ移住。魚の行商人として働くなかで労働者階級移民に対する過酷な扱いにショックを受け、ストライキに参加。1917年の集会で、同じくイタリア系移民のサッコと出会う。3年後の強盗殺人事件で逮捕されたのは、彼が社会主義者で、強盗の逮捕歴があったことも影響した。ヴァンゼッティはサッコと同様、裁判で頑なに身の潔白を主張した。が、一度下された死刑判決は覆らず、1927年8月23日に執行。当日、ヴァンゼッティは看守らと握手して彼らの親切な対応に感謝した後、上記の声明を読み上げ、最期に「何人かの人々が今私にしていることを許したい」と述べ、頭に電流を流される。サッコが絶命した8分後の0時29分のことだ。

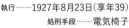

# フリッツ・ハールマン

## ハノーファーの屠殺人

# 悔い改めるが、死は恐れない。

執行………1925年4月15日(享年45)
処刑手段………斬首(ギロチン)
処刑地………独ハノーファー地方裁判所内刑務所

「ハノーファーの屠殺人」の異名を取るハールマンは第一次世界大戦後、1919年から1924年にかけドイツ・ハノーファーで肉屋を開業していた。深刻な食糧難だった時代にもかかわらず、彼の店にはいつも新鮮な肉が並び大繁盛した。ハールマンがその間、少なくとも24人（一説には50人以上）の浮浪者や男娼を自宅アパートに誘い込み相手の喉を食いちぎって殺害、遺体を食した後、残った肉を売りさばいていたからだ。さほどに鬼畜な犯行を働いたハールマンは裁判でも反省の態度を一切見せないどころか、ある日など、被害男性の母親に対し「あんたの息子、写真で見たが、なんだあれは。あんな不細工な男、誰が食うか」と信じられない暴言を吐いた。1924年12月19日、死刑判決。執行当日は最期に「悔い改めるが、死は恐れない」と口にし処刑されていった。その後、ハールマンの頭部は脳の構造を調べるため、科学者により保存され、現在も大学に保管されている。

## ルース・スナイダー

### 夫に対する保険金殺人

執行………1928年1月12日(享年32)
処刑手段………電気椅子
処刑地………米ニューヨーク州シンシン刑務所

# 父よ 彼らをお許しください。 彼らは自分たちが 何をしているのか わかっていないのです。

　ルース・スナイダー（事件当時31歳）がコルセットのセールスマン、ジャッド・グレイと出会い男女の関係になるのは1925年のこと。お互い家庭を持つW不倫だった。ルースにはアルバートという13歳年上の夫がいたが、アルバートは支配的で家庭では喧嘩が耐えなかった。そこで、彼女は自分にぞっこんのジャッドと共謀、夫に高額の生命保険をかけ、殺害を企む。1927年3月19日夜、スナイダー一家が食事から帰ってきたところを、家に潜んでいたジャッドがアルバートの頭部に凶器の分銅を振り下ろす。が、的は外れ取っ組み合いに発展。そこへルースが改めて分銅で夫の頭を殴打し死に至らしめる。ルースは犯行を強盗の仕業と装うため、部屋を荒らし自らの手足を縛った。が、嘘は簡単にバレて逮捕。裁判でジャッドとともに死刑判決を受ける。上記の台詞は執行前に彼女が発した言葉で、その直後に電気椅子に座ったルースの処刑写真は翌日、新聞に掲載された。

# カール・パンズラム

## アメリカ・アフリカ22人殺害事件

さっさとしろよ
田舎者め。
お前がもたもた
しているうちに
俺なら10人は殺せるぞ。

執行……1930年9月5日(享年39)
処刑手段……絞首
処刑地……米レブンワース連邦刑務所

米ミネソタ州にドイツ系移民の子として生まれたパンズラムは、12歳で少年院に入所したのを皮切りに、生涯に殺人を含む11の重罪判決を受け、20年以上を塀の中で過ごした。初めて殺人に手を染めたのは1920年で、ニューヨークで強盗のため水夫を撃ち遺体を海に投棄。3週間で10人を殺害した後、アフリカに渡り、ルアンダで11歳の少年を強姦したうえ殺し、ロビトでは、ワニ狩りと称して雇った6人の現地人の男たちを沼地で撃ち殺し、死体をワニに食わせた。1928年に逮捕されるまでに犠牲となったのは21人。取り調べで反省の念を一切表さなかったばかりか「誰かを更生させようと思ったら殺すしかなかった」と自分の行為を正当化。投獄数ヶ月後には洗濯場の作業監督を鉄棒で撲殺し、裁判では明確に死刑を望み弁護人も拒否した。上記の台詞は処刑当日、執行人に最期の言葉を尋ねられたときの彼の返答。死後にその半生を記した自伝が発表された。

# ゴードン・ノースコット

## 米カリフォルニア州連続少年誘拐殺人事件

# 祈りを！どうか私に祈りを捧げてください。

執行………1930年10月2日（享年23）
処刑手段………絞首
処刑地………米カリフォルニア州サン・クエンティン州立刑務所

ノースコットは1926年〜1928年、自らが営むカリフォルニア州リヴァーサイド郡の養鶏場に、誘拐した少年20人（確定は3人）を監禁、強姦した挙げ句に（時には金持ちの児童性愛者の顧客に被害少年を貸し出すこともあった）、斧で脳天を叩き割り殺害、生石灰で肉を溶かして、骨を砂漠に遺棄した鬼畜である。21歳のとき逃亡先のカナダで逮捕されたノースコットは裁判で弁護人を雇わず、でたらめで矛盾した供述を繰り返し、自分は精神異常者であると主張。しかし、陪審員は彼の責任能力を認め有罪を評決。量刑は死刑だった。その後自らが犯した罪の大きさを認識したのか、しだいに精神の均衡を失い、死に至る病気になったと思いつめて一連の大量殺人の詳細を告白。最期に上記の言葉を残し絞首台の露と消えた。ちなみに、2008年公開のクリント・イーストウッド監督作「チェンジリング」は本事件の１人の被害者少年の母親に起きた出来事をモチーフにしている。

# ペーター・キュルテン

## デュッセルドルフの吸血鬼

私に残された
最後の望みは、
自分の首が切り落とされ、
血飛沫《ちしぶき》が噴き出す音を
この耳で聴くことです。

**執行**………1932年7月2日(享年49)
**処刑手段**………斬首(ギロチン)
**処刑地**………独ケルン・クリンゲルプッツ刑務所

虐待で家庭を支配してきた父に逆らうように、9歳で友人2人を溺死させて以来、数えきれないほどの強姦(動物を含む)・暴行・殺人を働き、ドイツ犯罪史上に悪名を刻むペーター・キュルテン。中でも有名なのは1929年2月から11月にかけデュッセルドルフで起こした凶行で、8歳の少女を含む9人をハンマーで撲殺したり喉を切り取り、世間はキュルテンを「デュッセルフドルフの吸血鬼」と呼び恐れおののいた。が、彼の妻は夫の正体を一切知らなかった。鋳物工場で働き、近隣でも、礼儀正しい物静かな紳士として評判の男。しかし、キュルテンは逮捕が近づいているのを悟ると、自分にかけられた高額の懸賞金を老後の蓄えにするよう警察に通報することを指示。妻はこれに従い、1930年3月、身柄を拘束される。裁判は数週間で結審し判決は死刑。上記の文言は執行直前にキュルテンが残した最期の言葉である。

# 私はもはや息をしていない。

## アンナ・アントニオ

夫殺し

執行……1934年8月9日（享年28）
処刑手段……電気椅子
処刑地……米ニューヨーク州シンシン刑務所

米ニューヨーク州出身のアンナが、14歳年上の鉄道員サルヴァトーレ・アントニオと結婚したのは1922年、彼女が16歳のときだ。まだ世間のこともよくわかっていないアンナを夫は徹底的に支配し、自分の意のままにならなければ暴力を働くことも珍しくなかった。それでも子供（4人生まれたが、2人は死亡）のため、アンナは必死に耐えたが、1932年3月、26歳のときに限界を迎え、夫サルの友人であるサム・フェラッチ（当時42歳）という男に、夫殺しを依頼する。同月27日、フェラッチは友人のヴィンセント・サエッタを仲間に引き入れ、サルを銃殺。高速道路脇に死体を遺棄した。ほどなく2人が逮捕され、アンナに800ドルで殺しを依頼されたことを自供。裁判では3人全員に死刑判決が下った。上の言葉は処刑前日、アンナが面会に来た兄と姉に対して口にしたもの。体は痩せ、処刑時の体重は38キロしかなかったという。

# アルバート・フィッシュ
## ブルックリンの吸血鬼

なぜ私がここにいるのかわからない。

執行……1936年1月16日(享年65)
処刑手段……電気椅子
処刑地……米ニューヨーク州シンシン刑務所

1870年、米ワシントンD.C.で生まれたフィッシュは15歳でペンキ職人となり28歳のとき9歳下の女性と結婚。傍目には6人の子供を可愛がる模範的な市民だった。が、その裏で貧民街の子供たちに猥褻行為を働き続けており、1916年、46歳のとき妻に逃げられて以降、異常性をエスカレートさせる。子供に頼んで鞭を打たせたり、汚物を食べたり、時には己の性器の周辺に釘を打ち込み自慰行為に耽った。子供を殺害し始めるのもこの頃で、全米23州を放浪しながら主に黒人少年を誘拐、拷問の後に殺害し遺体を食した。「ブルックリンの吸血鬼」と呼ばれたフィッシュの犠牲者は実に400人以上に及ぶという。1934年に逮捕され、裁判で死刑判決。執行当日、電気椅子に座ったフィッシュは「今まで試したことのない唯一最大のスリルだ」と興奮を抑えられない様子だったが、電流を流される寸前には顔色をなくし「なぜ私がここにいるのかわからない」と言ったそうだ。

# ゾフィー・ショル

## 国家社会主義体制の破壊ほか

私たちを通して
何千人もの人々が目覚め、
行動に駆り立てられるなら、
私の死の
何が重要でしょうか。

執行………1943年2月22日（享年21）
処刑手段………斬首（ギロチン）
処刑地………独ミュンヘン・シュターデルハイム執行刑務所

第二次世界大戦中の1942年から1943年、ヒトラー率いるドイツで、非暴力主義の反ナチ運動を展開する「白いバラ」というグループがいた。メンバーはミュンヘン大学の学生ら５人で構成され、リーダーはハンス・ショルと妹のゾフィー。彼らはナチスのヨーロッパ支配を否定し、６種類の抵抗ビラを同大学やミュンヘン市内で配布、1943年２月18日、ゲシュタポに逮捕される。４日後、民族裁判所でショル兄妹ともう１人のメンバーに死刑判決。執行は同じ日で、ゾフィーはギロチン台に向かう前、上記の言葉を残し処刑された。ゾフィーらがばら撒いた抵抗ビラはその後、スカンジナビア経由でイギリスに渡り、連合国がドイツに降伏を呼びかける際の宣伝用に使われた。戦後のドイツでは、白いバラの活動、中でもショル兄妹に惜しみない賞賛が与えられ、ミュンヘン大学の一角は、兄妹にちなんだ"Geschwister-Scholl-Platz"（ショル兄妹広場）と呼ばれている。

# クラウス・シュタウフェンベルク
## アドルフ・ヒトラー暗殺未遂

全ての責任を負うのは
私であり、
罪を犯したのも
私だけです。

執行……1944年7月21日(享年36)
処刑手段……銃殺
処刑地……独・国内予備軍司令部中庭

第二次世界大戦で連合国軍がノルマンディー上陸作戦を成功させた翌月の1944年7月20日、ヨーロッパのバルト海の南岸に位置する東プロイセンのアドルフ・ヒトラー総統大本営ヴォルフスシャンツェ（通称・狼の巣）会議室で時限爆弾が爆発した。室内の数名が死亡したもののヒトラーは軽傷を負ったのみ。このヒトラー暗殺計画「ヴァルキューレ作戦」の首謀者が、ドイツ陸軍国内予備軍参謀長を務めながらも、ユダヤ人に対する差別政策など過酷な政策を推進するナチス、ヒトラーに強い反発心を抱いていたシュタウフェンベルク大佐である。作戦は失敗に終わり、翌21日の軍法会議で反逆罪により死刑判決。これを聞いた直後、シュタウフェンベルクが口にしたのが上記の言葉である。同日深夜、作戦に参加した他の将校らとともに銃殺刑執行。シュタウフェンベルクは最期に、「わが聖なるドイツ万歳！」と叫び、銃弾に倒れたという。

# 準備はできています。神様の御許に行く準備が。

## レナ・ベイカー
### 67歳白人男性殺害事件

執行……1945年3月5日(享年44)
処刑手段……電気椅子
処刑地……米ジョージア州刑務所

レナ・ベイカーは1900年、米ジョージア州に生まれた。両親が綿花農場で働く、南部の典型的な黒人家庭だった。20歳のとき売春容疑で逮捕され教護院送りになり、その後、3児の母親になったが、1944年5月1日、自分をメイドとして雇っていた67歳の白人男性を殺害してしまう。とはいえ、これは正当防衛だった。肉体関係を迫る男性を拒んだところ、銃で脅され製粉所に監禁され、揉み合ってるうち銃が暴発したのだ。ベイカーは自ら警察に出頭し、その旨を告げたものの、裁判では証言することすら許されなかった。当時のアメリカ南部の田舎町では黒人に人権などなく、陪審員はみな白人男性。その日のうちに有罪判決が下り、ベイカーには死刑が宣告された。執行は事件の10ヶ月後。電気椅子に座った彼女は上記の言葉を口にし絶命した。ちなみに、ベイカーはジョージア州で電気椅子により処刑された最初にして最後の女性である。

# 心臓を狙え。

## ベニート・ムッソリーニ

戦争責任

執行………1945年4月28日（享年61）
処刑手段………銃殺
処刑地………伊ミラノ郊外ジュリーノ村

1925年から第二次世界大戦中の1943年まで、イタリアの独裁者として君臨していたムッソリーニは1945年４月27日、ミラノ郊外でパルチザン部隊に身柄を拘束された。上級共産党員のルイージ・ロンゴが即時処刑を決定し、28日に執行。この日、パルチザンにミラノ近郊のメッツェグラ市の郊外にあるジュリーノ村に設置された処刑場へ護送されたムッソリーニと愛人のクラーラ・ペタッチ（当時33歳）は塀の前に立たされる。16時10分、銃弾が放たれ死亡。このとき、ムッソリーニは動じず「心臓を狙え」と潔い態度で死を受け入れたとされるが、別の証言では一言も発さなかったともいわれる。その後、ムッソリーニ生存説の払拭や、依然として残る威厳を失わせるため、彼の遺体はミラノに運ばれ、ペタッチら共に銃殺された者たちと一緒にロレート広場に吊るされる。それを見た群衆は物を投げつけ、足蹴にし、ムッソリーニらの遺体を容赦なく損壊したという。

# イルマ・グレーゼ

## アウシュビッツ強制収容所における囚人への虐待

# さっさと済ませて。

執行……1945年12月3日（享年22）
処刑手段……絞首
処刑地……独ハーメルン刑務所

イルマ・グレーゼは第二次世界大戦中、アウシュビッツ強制収容所で多くの残虐行為を働いた悪名高き女性看守である。美しく無垢な外見とは裏腹、ユダヤ人女性の乳房に鞭を振るって大ケガをさせたり、ガス室行きが決定された囚人に犬をけしかけて咬みつかせるなど、そのサディストぶりは群を抜いていた。また、同収容所で数々の非人道的人体実験を行った医師ヨーゼフ・メンゲレらと肉体関係にあり、堕胎手術を頼んだこともあったという。ドイツ降伏直前の1945年4月17日、イギリス軍によって逮捕。その後、ナチスの数々の人道に対する罪を裁くベルゼン裁判で死刑判決を受ける。同年12月3日の執行当日午前9時34分、グレーゼは死刑執行室に入り、周囲で死刑を見守る将校たちをつかのま凝視。白い布をかぶせられると、物憂げに「Schnell」（さっさと済ませて）と言い、絞首台の露と消えた。享年22。ナチスでの全刑死者の中では最年少だった。

# マルセル・プティオ

## ユダヤ大量快楽殺人事件

# 私のことをよく覚えておいてほしい。

執行……1946年5月25日（享年49）
処刑手段……斬首（ギロチン）
処刑地……仏パリ・サンテ刑務所

第二次世界大戦下、26人（自供では63人）のユダヤ人を殺害、「死神博士」の異名をとったマルセル・プティオ。幼い頃から動物を虐待するなどサディスティックな性向を示していたプティオは、長じてパリ大学医学部を卒業し医師免許を取得する。1940年、ナチス・ドイツによってフランスが占領下に置かれると、迫害を恐れたユダヤ人富裕層に対し2万5千フランの報酬で国外脱出を手配すると宣伝。彼らをルシュール街21番地にある自宅兼医院に招いて監禁、毒ガスで殺害したうえで死体を焼却して衣服や貴重品を奪う犯行を繰り返した。後の警察の家宅捜索では、診療室の奥に防音が施された殺人用の小部屋があり、プティオが壁の覗き穴から、毒ガスを注入され苦悶しながら絶命する被害者の姿を観察していたことがわかっている。1944年10月に逮捕、1年半後に死刑執行。ギロチンで斬首される前、プティオは「私のことをよく覚えておいてほしい」と口にしたそうだ。

# アーモン・ゲート

## プワシュフ収容所における8千人殺害ほか

何？
そんなにたくさんの
ユダヤ人がまだいるのか？
豚どもは一匹も残ってはいない
はずだったのにな。

執行………1946年9月13日(享年37)
処刑手段………絞首
処刑地………ポーランド・モンテルピッチ刑務所

1993年公開のスティーヴン・スピルバーグ監督作「シンドラーのリスト」に登場したことで有名になった人物。第二次世界大戦中の1943年春、ポーランド・クラクフのプワシュフ強制収容所所長に就任したゲートはサディスト的性向を表し、毎朝、日課のように自室のベランダから銃で囚人を狙撃し500人以上を直接殺害。また、本来は国庫に納められるべきユダヤ人の財産を横領、屋敷でパーティ三昧の生活を送り、自家用馬や自家用車を複数所有していた。上記の台詞は戦後の1945年7月、プワシュフ収容所における8千人殺害の責任、クラクフ・ゲットーにおける2千人の虐殺に対する共同責任などで起訴された裁判で、証人として法廷に呼んだユダヤ人の名前を読み上げる検察官に対し、ゲートが言い放ったものだ。死刑判決を受けた2ヶ月後に執行。193センチの長身だったため2度もロープが切れて失敗、3度目でようやくロープで首の骨が折れて絶命した。

# ヘルマン・ゲーリング

## 戦争の共同謀議、平和に対する罪ほか

（最後の面会に来た妻へ）

君は固く信じていい。奴らは私を吊るすことはできない。

死亡……1946年10月15日（自殺。享年53）
死亡地……独ニュルンベルク刑務所

ナチ党の最高幹部でアドルフ・ヒトラーの後継者でもあったゲーリングは1945年11月、「共同謀議」「平和に対する罪」「戦争犯罪」「人道に対する罪」で起訴され、ニュルンベルク裁判にかけられる。法廷では連合国による裁きを公然と批判し、起訴内容については無罪を主張した。が、1946年9月30日に下った判決は死刑。その1週間後の10月7日、妻エミーと最後の面会を果たし、「（娘の）エッダの人生が辛いものでないことを祈りたい。もしも私がお前を保護できさえすれば、死も私にとっては救いになるのだが。お前は私に慈悲を願い出てほしいかね？」と質問。妻が首を振り、これまでの夫の功績を讃えると、嬉しそうな顔で上記の言葉を口にした。8日後、独房で青酸カリのカプセルを飲み自殺。毛布をめくると、腹部に連合国管理委員会、収容所所長、妻、牧師に宛てた4通の遺書が残されていた。裁判で死刑判決が下された10人の刑が執行されるのは翌16日のことである。

# ヴィルヘルム・フリック

## 平和に対する罪、戦争犯罪ほか

# 不滅なるドイツ万歳！

執行………1946年10月16日(享年69)
処刑手段………絞首
処刑地………独ニュルンベルク刑務所

ナチ党国会議員団長、ヒトラー内閣の内務大臣などを歴任したフリックは1945年5月に連合軍に逮捕され、ニュルンベルク裁判では右ページのゲーリングと同じ4つの起訴事項で被告となった。公判中、フリックは無表情な顔と生気のない目をし、全ての証言を拒否する。対し裁判長は「ユダヤ人をドイツの生活・経済から締め出す目的を持つ、数多くの法律を起草し、署名し、実施した」などどして死刑を宣告。処刑は、自殺したゲーリングを除く10人の死刑囚で6番目だった。絞首台の階段でよろけ、支えられながら上った彼は「不滅なるドイツ万歳！」と叫び首を吊るされる。が、首に縄をかける位置が不適切だったためか、顔に酷い傷を負ったという。その後、ゲーリングを含めたフリックら11人の遺体は、米軍のカメラマンによって撮影された後、ミュンヘン郊外の墓地の火葬場で焼かれ、遺骨はイーザル川の支流コンヴェンツ川に流された。

# ネヴィル・ヒース

## ロンドン2女性連続殺人事件

お願いします。ダブルにしてくれてもいいですよ。

（最期にウイスキーを勧められて）

執行………1946年10月16日（享年29）
処刑手段………絞首
処刑地………英ロンドン・ペントンビル刑務所

1946年6月21日、ロンドンのホテルで当時32歳の女性の殺害遺体が発見された。2週間後の7月5日、同じホテルで今度は21歳の女性が行方不明となり、ほどなくホテル付近の茂みで、喉が切り裂かれ、乳首や性器が噛み切られた遺体となって見つかる。目撃証言から捜査線に浮上したのは、「空軍中佐」を騙る詐欺師のネヴィル・ヒース。ヒースは取り調べに対し、被害者の女性とは知り合いで自分も同じホテルに宿泊していたが、彼女らに頼まれて部屋を貸しただけで殺人には一切関与していないと供述する。が、警察の追及に犯行を自供。殺人罪で起訴され、裁判にかけられる。彼の弁護人は、犯行時、彼が麻薬中毒で精神に異常をきたしていたとして無罪を主張した。が、下った判決は有罪・死刑。執行当日、酒好きだったヒースは最期の飲み物として勧められたウィスキーをダブルにしてくれるよう依頼、それを飲み干した後、首を吊るされた。

# まったく何もない。

## ウィリー・フランシス

### 米ルイジアナ州薬剤師銃殺事件

執行………1947年5月9日(享年18)
処刑手段………電気椅子
処刑地………米ルイジアナ州立刑務所

1944年11月9日、米ルイジアナ州で、男性薬剤師が5発の銃弾を受け死亡しているのが発見された。警察は自宅から財布や懐中時計などが盗まれていたことから、金銭目当ての殺人事件として捜査を開始。1945年9月、被害者の財布を所持していた黒人少年のウィリー・フランシス（当時16歳）を逮捕する。フランシスはいったん犯行を自供するも、公判で自白は強要されたものとして無罪を主張した。が、下った判決は有罪・死刑。12人の陪審員が全員白人だった。1946年5月3日、フランシスは電気椅子に座らされ頭に電流を流される。が、執行担当の職員がセッティングを雑に行ったため失敗。彼は体を激しく震わせ悲痛な叫び声をあげる。その後、弁護人が「二度も電気椅子を受けさせるのは人道的観点から問題がある」として刑の停止を訴え最高裁まで争ったものの敗訴。1947年5月9日に二度目の刑に処される。最期の言葉は「まったく何もない」だった。

# ジョン・ヘイグ

## ロンドン硫酸風呂の殺人者

# こんな状況でお別れを言うのは難しい。

執行……1949年8月10日(享年40)
処刑手段……絞首
処刑地……英ロンドン・ワンズワース刑務所

ジョン・ヘイグは、1944年から1949年にかけ9人の女性を殺害、遺体をロンドンの自宅敷地内の工場にあったドラム缶に入れ、硫酸で溶かし処分した、通称「硫酸風呂の殺人者」だ。ヘイグには「殺人を犯しても死体が発見されない限り罪に問われない」という持論があり、完全犯罪を成功させたものと自負していた。だから、逮捕されても全く動じず、公判にも、クロスワードパズルに熱中するなど余裕しゃくしゃくの態度で臨んだ。

が、陪審員は評議に入ってからわずか5分で全員一致の謀殺罪で有罪の評決を出し、死刑判決が下る。予想外の結果に動転するも、ヘイグは執行前、恋人のバーバラに「このような状況下でお別れを言うのは難しいですが、あなたはいつも私の心の中にいることを理解するでしょう。私はあなたの偉大な親切と献身を覚えています。今、私はあなたを離れなければなりません」と手紙を送っている。

# ティモシー・エヴァンス

## エヴァンス事件

# クリスティーがやった。

執行………1950年3月9日(享年25)
処刑手段………絞首
処刑地………英ロンドン・ペントンビル刑務所

1949年11月30日、ロンドンのアパートに住むティモシー・エヴァンス（当時25歳）が、妻と子供が変死していると警察に届け出た。供述に曖昧なところがあったことから、警察はエヴァンスを逮捕、殺人罪で起訴する。物的証拠は皆無で、公判で彼は一貫して無罪を主張した。が、陪審員は有罪を評決し、死刑が宣告される。そして事件から4ヶ月後に絞首刑執行。しかし、これは完全な冤罪だった。公判中にエヴァンスが何度も口にした上記の台詞どおり、真犯人は彼と同じアパートに住んでいたジョン・クリスティー（同50歳）だった。それが明らかになるのは、エヴァンスの処刑から3年後の1953年。すでに他所へ移転していたクリスティーの部屋の壁が空洞になっていることに不審を覚えた新しい住人が通報。警察が調べた結果、壁の裏、床下、裏庭から6人の白骨遺体が発見されたのだ。ほどなく逮捕されたクリスティーはエヴァンスの妻子殺しも認め死刑となった。

# レイモンド・フェルナンデス&マーサ・ベック

## 「ロンリー・ハーツ・クラブ」殺害事件

「俺が愛した女は、お前だけだった」
「これで私も、喜んで死ねるわ」

執行……1951年3月8日(フェルナンデス享年36・ベック30)
処刑手段……電気椅子
処刑地……米ニューヨーク州シンシン刑務所

1947年から1949年にかけ、アメリカに実在した結婚相談所「ロンリー・ハーツ・クラブ」を舞台に、伴侶を探す裕福な独身女性ら20人以上が金品を奪われたうえに殺害された。犯人は同クラブで常習的に女性に詐欺を働いていたレイモンド・フェルナンデス(逮捕当時34歳)と、彼がそこで知り合った元看護師のマーサ・ベック(同28歳)。フェルナンデスは自分にべた惚れのベックと義理の兄妹になりすまし、犯行を重ねていた。殺人は当初はフェルナンデスが実行した。が、ある日、芝居とわかっていても女性といちゃつくフェルナンデスに嫉妬したベックが、相手の女性をハンマーで撲殺してしまう。以来、彼女も殺人への躊躇がなくなり、逮捕直前の1949年3月にはフェルナンデスが殺害した未亡人の娘を溺死させ、母子の遺体を地下室に埋めている。上記の言葉は、死刑執行2時間前にフェルナンデスがベックに送った手紙の文言と、それを読んだ彼女の返答である。

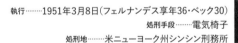

# ローゼンバーグ夫妻

## ソ連へのスパイ容疑

# 私たちはアメリカ・ファシズムの最初の犠牲者です。

執行………1953年6月19日(夫ジュリアス享年35・妻エセル37)
処刑手段………電気椅子
処刑地………米ニューヨーク州シンシン刑務所

東西冷戦下の1950年1月、アメリカのユダヤ人夫妻ジュリアス・ローゼンバーグ（当時31歳）と妻のエセル（同34歳）がFBIに逮捕された。容疑は、エセルの実弟で第二次世界大戦中にニューメキシコ州の原爆工場に勤務していたソ連のスパイ、デイヴィッド・グリーングラス（同27歳）から原爆製造などの機密情報を受け取り、それをソ連に提供したというものだった。証拠はグリーングラスの自白のみで、夫妻は裁判で無実を主張するも、1951年4月5日に下った判決は両者ともに死刑。対し、イギリスの大手新聞『ガーディアン』や世界各国の左翼運動家が不当判決として厳しく批難し、夫妻に同情したジャン＝ポール・サルトルやジャン・コクトーなど多くの著名人が再審要求、助命運動を行う。しかし、判決が覆ることはなく、逮捕から3年半後に電気椅子による死刑執行。上記の文言は夫妻が担当弁護士に出した最期の手紙にしたためられていた、無念の言葉である。

# バーバラ・グレアム

## 米カリフォルニア州63歳未亡人殺害事件

# 善良な人たちは、常に正しいですとも。

執行……1955年6月3日(享年31)
処刑手段……ガス室
処刑地……米カリフォルニア州サン・クエンティン州立刑務所

1953年3月9日、米カリフォルニア州バーバンクに住む63歳の未亡人が殺害され、3日後に遺体で見つかった。現場の状況から強盗殺人と睨んだ警察は、ほどなく前科のあるジャック・サントとエメット・パーキンス、そして彼らと知り合いだった3児の母、バーバラ・グレアム（当時29歳）を逮捕する。当初、バーバラは事件には一切関与していないと主張した。が、別件で逮捕されていた女性から事件の夜、現場にいたことを認めるなら、その夜はボーイフレンドと一緒に過ごしていたことにしようと持ちかけられ、それに従ってしまう。実はこの女性、報酬と減刑を条件に警察に雇われた協力者で、バーバラとの会話を密かに録音していた。言わば罠にはめたわけだが、バーバラの偽証は陪審員の印象を悪くし、有罪・死刑に。上の言葉は執行当日、ガス室に送られた彼女が口にしたもので、無実の罪で自分を死に追いやる人間への絶望と怒りに満ちた一言である。

# ルース・エリス

## デヴィッド・ブレイクリー殺害事件

私はご子息を愛していましたし、ご子息をなおも愛しながら死にます。

執行………1955年7月13日(享年28)
処刑手段………絞首
処刑地………英ロンドン・ホロウェイ刑務所

ロンドンのナイトクラブで働いていたルースが、3歳年下のデヴィッド・ブレイクリーと出会うのは1953年9月、26歳のとき。客として店を訪れたイケメンのカーレーサーに彼女は一目惚れし、すぐに男女の関係となる。が、デヴィッドは店の上階にあるルースの部屋に転がり込み、毎日のようにタダ酒を飲んでは暴力を振るった。おまけにルースが妊娠した際、お腹の子供は店の常連客との間にできたのではと疑い、腹部を足蹴に。結果、子供は流産し、その後デヴィッドは彼女を避けるようになる。事件が起きたのは1955年4月10日。友人の家でパーティに参加していたデヴィッドを、ルースが射殺したのだ。嫉妬だった。裁判では衝動的殺人を主張する弁護人に対し、ルースは殺意を認め、死刑が確定。上記の文言は独房で死を待つ彼女が、デヴィッドの両親宛てに書いた手紙の一節だ。処刑は事件からわずか3ヶ月後。ルースはイギリスで絞首刑になった最後の女性である。

# チャールズ・スタークウェザー

## 米ネブラスカ州11人連続殺人事件

# （電気椅子の）ベルトが緩すぎる。

執行……1959年6月25日（享年20）
処刑手段……電気椅子
処刑地……米ネブラスカ州立刑務所

1958年1月、米ネブラスカ州において、わずか11日間で11人が射殺される事件が起きた。犯人はチャールズ・スタークウェザー（当時19歳）とキャリー・フューゲート（同14歳）の男女カップル。スタークウェザーが、交際を反対されていたフューゲートの両親を殺害したのを皮切りに、行き当たりばったりに子供から老人までを撃ちまくり、最後はスタークウェザーが警察に投降する形で事件は終結する。裁判が始まると、スタークウェザーは若者の間で大人気となった。当時の大スター、ジェームス・ディーンを気取ったスタイルが話題となり、ファンクラブが結成され、Tシャツが飛ぶように売れた。しかし、下った判決は死刑（フューゲートは終身刑。後に釈放）。弱冠20歳で電気椅子送りとなったスタークウェザーは最後まで反省の言葉を口にせず、執行寸前も「（電気椅子の）ベルトが緩すぎる」と余裕をかまし、地獄へと堕ちていった。

# 死なせてくれ。

## ハーヴェイ・グラットマン
### 女性モデル3人連続殺害事件

執行……1959年9月18日(享年31)
処刑手段……ガス室
処刑地……米カリフォルニア州サン・クエンティン州立刑務所

グラットマンは、12歳で首を絞めながら行う自慰行為に快感を覚え、17歳のとき少女に対する強制猥褻と強盗の罪で5年間服役した。出所後、有名モデル、ベティ・ペイジのボンデージ写真に衝撃を受け、自分も同じような写真を撮ってみたいと、1957年8月、雑誌のカメラマンを騙りロサンゼルス在住の女性モデルを訪問。「50ドルで表紙の仕事をしてみないか?」と誘い念願の写真を撮影後、強姦した挙げ句に彼女を車で郊外の砂漠に連れていき絞殺、遺体を砂中に埋め逃走した。1958年3月と7月に同じ手口でモデル2人を強姦・殺害し、10月に4人目の女性を砂漠に連れ出したが、激しい抵抗に遭い、拳銃を奪われる。そこに偶然通りかかったハイウェイパトロールによって現行犯逮捕。裁判で下された判決は有罪・死刑。グラットマンはそれを素直に受け止め、担当弁護人に自分の命を救うため何もしないように「死なせてくれ」と手紙を送った。

# アドルフ・アイヒマン

## 人道に対する罪ほか

# 1人の死は悲劇だが、集団の死は統計上の数字に過ぎない。

執行……1962年6月1日(享年56)
処刑手段……絞首
処刑地……イスラエル・ラムル刑務所

第二次世界大戦時、大量のユダヤ人を強制収容所に移送する任務の責任者だったアイヒマンが、逃亡先のアルゼンチン・ブエノスアイレスでイスラエル諜報特務庁(モサド)に逮捕されるのは、1960年5月のこと(当時54歳)。その身柄はイスラエルに移送され、1961年4月からエルサレムで裁判が始まる。法廷には“悪魔”の顔を一目見ようと多くの傍聴人が集まった。が、アイヒマンは極めて凡庸な初老の男で、自分の犯罪もヒトラーの命令に盲目的に従っただけと供述する。上記の文言も公判中に口にしたもので、彼から謝罪の言葉が出ることは一度もなかった。同年12月15日、死刑判決が下され、その半年後に執行。最期の言葉は「ドイツ万歳。アルゼンチン万歳。オーストリア万歳。妻、家族、友人たちに挨拶を送ります。私は覚悟はできています。全ての人の運命がそうであるように、我々はいずれまた会うでしょう。私は神を信じながら死にます」であった。

# 俺の謝罪に何の意味もない。

## ペリー・スミス
### クラッター一家殺害事件

執行……1965年4月14日（享年36）
処刑手段……絞首
処刑地……米カンザス州立刑務所

1959年11月16日、米カンザス州で農場を営むクラッター家4人の殺害遺体が見つかった。主人は喉を掻き切られたうえに至近距離から散弾銃で撃たれ、妻、娘、息子は手足をヒモで縛られた姿で銃殺されていた。事件発生から6週間後、寄せられた情報をもとに警察は詐欺の前歴があったペリー・スミス（当時31歳）とリチャード・ヒコック（同28歳）を逮捕する。自供によれば、2人は儲け話を信じてクラッター家に侵入したものの、金はどこにもなく、それでも金庫を探し続けるヒコックに苛立ったペリーが一家を惨殺したのだという。判決は両者ともに死刑。その後、二度控訴するも棄却され、事件から5年半後に絞首台の露と消える。執行前、最期の言葉を聞かれたペリーは「誰にも敵意はないが、俺の謝罪に何の意味もない」と答えたそうだ。ペリーと面会を重ねていた作家のカポーティが事件を題材とする『冷血』を発表するのは執行翌年の1966年のことだ。

# ジェームズ・フレンチ

## 自分が死刑になるための2男性殺害事件

# 明日の見出しに こんなのはどうだ? フレンチ・フライってね。

執行………1966年8月10日(享年29 or 30)
処刑手段………電気椅子
処刑地………米オクラホマ州立刑務所

世の中には死刑になるために殺人を犯す人間がいるが、ジェームズ・フレンチも例外ではない。1958年、彼は米オクラホマ州でヒッチハイク中、殺す目的で自分を拾ってくれた男性の車に乗り、実際に殺害、逮捕される。が、下った判決は終身刑。その後、何度も州知事に死刑に変更するよう手紙で直訴するが、望みは叶えられない。仕方なく、自殺を図るも失敗。そこで、1961年10月17日、刑務所の同房だった男を絞殺する。2人殺せば、今度は死刑判決が出ると期待しての凶行だった。しかし、その意志に反して弁護人は控訴、上告を繰り返し、ようやく望み通りの死刑判決が下りたのは1965年。翌年、電気椅子に座ったフレンチは、立ち会いの新聞記者たちに向かって「おい、お前ら! 明日の新聞の見出しにこんなのはどうだ? フレンチ・フライってね」と叫んだという。死刑を望んだ男が最期に発した笑えないジョークである。

# オルガ・ヘプナロヴァー

## プラハ殺人トラック暴走事件

# 皆様に死刑を宣告します。

執行………1975年3月12日(享年23)
処刑手段………絞首
処刑地………チェコスロバキア・パンクラーツ刑務所

1951年、チェコスロバキアの首都プラハで生まれたオルガは、父が銀行員、母が歯科医という恵まれた家庭に育ちながら、成長に伴い精神を病み、15歳で薬物過剰摂取による自殺未遂、19歳のときには農園に火を放った。その間、精神科病棟に入院していた時期もあったが、症状は改善されず、1973年7月10日、プラハの路上でトラックを暴走させ、8人を死に至らしめる。犯行前、彼女は新聞社にこんな手紙を送っている。「私は孤独なのです。破壊された女です。人々に破壊された女で……自分を殺すか、他人を殺すかという選択肢があります。私は憎しみを向けてきた人たちに仕返しする方を選びました。私、オルガ・ヘプナロヴァーは、あなた方の残忍な行為の被害者として、皆様に死刑を宣告します」。逮捕後、彼女は一切、悔悟の言葉を口にせず死刑を望み、1974年4月6日、裁判所は死刑判決を下す。執行はその11ヶ月後。チェコスロバキアで処刑された最後の女性だった。

# ゲイリー・ギルモア

## 米ユタ州ガソリンスタンド店員ほか殺害事件

## さあ、やろうぜ！

執行……1977年1月17日（享年36）
処刑手段……銃殺
処刑地……米ユタ州刑務所

10歳から非行に走り、窃盗や傷害で人生の半分を刑務所で暮らしたゲイリー・ギルモアは、1976年7月19日、仮釈放中の身にありながら、強盗目的で米ユタ州オレゴンのガソリンスタンドに押し入り店員を射殺、翌日もモーテルを襲い管理人を銃殺した。裁判で死刑宣告を受けユタ州刑務所に収監されたものの、当時のアメリカでは世界的風潮を受け死刑執行が停止されていた。しかし、これ以上の刑務所生活を望まないギルモアは「死刑にされる権利」を州知事に要求。ワシントンD.C.で開かれた死刑制度に関する公聴会にも証人として出席し全米で話題となる。家族や死刑廃止団体の説得にも聞く耳を持たず、最終的には殺される権利を獲得。望みどおり銃殺刑に処される。ちなみに、彼が執行直前に口にした「Let's do it!（さあ、やろうぜ！）」は、後にスポーツ用品の世界的メーカー、ナイキのスローガン「Just Do It.（とにかく、やってみろ）」を誕生させるきっかけとなった。

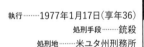

# カンパティマール・シャンカリヤ

## 70人を葬ったインドの快楽殺人鬼

# 俺は無駄に人を殺した。みんな俺のようになってはいけない。

執行……1979年5月16日(享年27)
処刑手段……絞首
処刑地……インド・ラジャスタン州ジャイプル

カンパティマール・シャンカリヤ（1952年生まれ）は、1977年から1978年までのわずか1年ほどの間に、少なくとも70人を殺害したインド犯罪史上最悪のシリアルキラーである。夜になると人けのない小道の暗い片隅で厚い毛布に身を隠し、歩いてきたものを年齢、性別関係なく襲撃、耳下の首のあたりをハンマーで殴って殺したことから、「カンパティマール（耳の下を叩く人）」と呼ばれた。1979年、26歳で逮捕されたとき、警察に犯行動機を聞かれ「満足感を得たかったからだ」と供述。つまり、目的は己の快楽のためだった。同年5月16日、デリーの南西約260キロに位置する、ラジャスタン州のジャイプルで絞首刑に処されたシャンカリヤは、執行直前「俺は無駄に人を殺した。みんな俺のようになってはいけない」と悔悟の言葉を口にしたそうだ。

# リチャード・チェイス
## サクラメントの吸血鬼

# ナチスのUFOを捕捉できるレーダー銃の使用を許可してほしい。

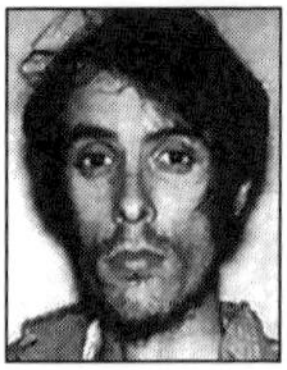

死亡……1980年12月26日(自殺。享年30)
死亡地……米カリフォルニア州サン・クエンティン州立刑務所

1977年12月から1978年1月までの1ヶ月間で、米カリフォルニア州サクラメントにおいて6人を射殺。被害者の腹を切り裂き、ヨーグルトの容器で血をすくって飲んだことから「サクラメントの吸血鬼」との異名をとった人物。チェイスの異常行動は高校時代から始まり、マリファナを常用したり、身なりに構わなくなり何日も風呂に入らず悪臭を漂わせて同級生たちを不気味がらせた。1976年、ウサギの内臓を生で食べて中毒症状を起こし精神病院に入院。残虐な犯行に出るのは、退院から1年後のことだ。上記の言葉は1979年5月の死刑判決後、FBI捜査官で心理プロファイリングを専門とするロバート・K・レスラーによる獄中インタビューに答えたもので、チェイスは刑務所職員がナチスと結託し、毒入りの食べ物で自分を殺そうとしていると信じていたそうだ。翌年の12月、独房で自殺。司法解剖の結果、処方薬の過剰摂取が原因と判明した。

# スティーヴン・ジュディ

## インディアナポリス母子4人殺害事件

# 俺を死刑にしといた方がいいぜ。

執行……1981年3月9日(享年24)
処刑手段……電気椅子
処刑地……米インディアナ州立刑務所

1979年4月28日、米インディアナ州インディアナポリス近郊のホワイトリック川で当時22歳の女性の殺害遺体が発見され、さらに下流で彼女の3人の子供(男2・女1)の遺体が見つかった。いずれも溺死だった。犯人は当時22歳のスティーヴン・ジュディ。12歳のとき顔見知りの女性宅に侵入し強姦、傷害を負わせて以降、性欲のままに女性を襲い、二度の服役経験を持つ男だった。裁判でジュディは反省の態度を一切見せず、事件について「その日の朝、ガールフレンドを家まで送った後、あの女(被害者)が子供を乗せて走ってるのを見たんだ。俺が親切ヅラしてタイヤを指さしたら、すぐに車を停めて、どこが悪いの? って調べ始めたんだ」と供述。そのふてぶてしい態度に呆れ返る陪審員に向かって、今度は「次はあんたたちかな? それともあんたのガキかもしれない。なぁ、だから俺を死刑にしといた方がいいぜ」と言い放った。その望みどおり電気椅子で処刑されるのは、事件から2年後のことだ。

# ヴェルマ・バーフィールド

## 米ノース・カロライナ州6人毒殺事件

# この6年間、
# 私を支えてくれた
# 全ての人に感謝します。

執行……1984年11月2日(享年52)
処刑手段……薬物注射
処刑地……米ノース・カロライナ州中央刑務所

17歳で結婚、2人の子供を授かり幸せに暮らしていたバーフィールドに転機が訪れるのは1960年、28歳のとき。子宮摘出手術を受けて以降、精神が乱れ安定剤が必須となった。1965年に夫が死亡(バーフィールドが殺害した疑惑あり)すると、薬物依存はエスカレートし完全な薬物中毒に。薬を買う金のために小切手を偽造し、逮捕され、半年間の服役生活を送る。凶行に走るのは出所後。介護職を得て、1969年から1978年の間に、自身の母親も含め世話をした5人をヒ素で殺害したのだ。1978年5月、息子の通報により逮捕され、裁判で死刑判決。薬殺刑に処される前、バーフィールドは「家族全員がつながり、誰もが多くの苦痛を経験していることを知っています。そして申し訳なく思います」と話し、続けて上記の言葉を口にした。バーフィールドは、1976年の死刑再開後にアメリカで初めて死刑を執行され、かつ薬物注射により処刑された最初の女性である。

# キャロル・コール

## 売春婦35人殺害事件

女を殺したのは
間違いない。
ただ、酔っていたので
細かいことは覚えていない。
申し訳ない。

執行……1985年12月6日（享年47）
処刑手段……薬物注射
処刑地……米ネバダ州立刑務所

コールが最初に殺人を犯すのは、わずか8歳のとき。自分をいじめていた少年を湖に突き落として溺死させたのだが、この一件は事故として処理される。第二次世界大戦が勃発し、父親が戦場へ行くと、コールの母親は浮気を始めた。次から次へと男を自宅に連れ込み、息子が見ている前でも平気で行為に及んだ。さらに、母親はコールに日常的に虐待を加えた。結果、コールは女性全般を憎むようになり、1971年から9年間にわたり、カリフォルニア州、ネバダ州、テキサス州で売春婦を中心に35人の女性を殺害する。その中には、遺体を切り刻まれ、ステーキにして食された犠牲者もいた。1980年11月、住民の通報により逮捕。上記の言葉は裁判中のコールの供述で、いったん終身刑になったものの、後に別の殺害容疑で起訴され、1984年10月、死刑判決が下る。その不幸な生い立ちに助命嘆願の声も上がったが、コールは再審への道に見向きもしなかった。

# ニコラエ・チャウシェスク

## 国家に対する犯罪、自国民の大量虐殺ほか

# 裏切り者を殺せ！

執行………1989年12月25日(享年71)
処刑手段………銃殺
処刑地………ルーマニア・トゥルゴヴィシュテ

1965年から24年にわたってルーマニアの大統領として君臨、秘密警察を用いて国民を監視・弾圧し続けたニコラエ・チャウシェスク。その独裁政権は1989年12月15日に始まった民衆の反政府暴動（ルーマニア革命）により終焉を迎える。同月22日、妻エレナとともに逮捕。25日、特別軍事法廷が開かれ、国家に対する犯罪、自国民の大量虐殺、外国の銀行に秘密口座を開設したことなどの容疑で起訴され、死刑を宣告される。対し、チャウシェスクは裁判の無効を訴えるも聞き入れられず、同日14時40分、両手を縛られ処刑場へと連行される。その途中、「自由なる独立国、ルーマニア社会主義共和国万歳！」と叫び、銃殺される直前には共産革命の歌「インターナショナル」を口ずさみ、最期に「裏切り者を殺せ！」と大声で叫んだ直後、銃弾の雨に倒れた。裁判から処刑までの一部始終はテレビ中継を通じて世界中に放映され大きな衝撃を与えた。

# エレナ・チャウシェスク

国家に対する犯罪、自国民の大量虐殺ほか

## よく考えなさい。私はこの20年間、おまえたちの母親であり続けてきたのよ。

執行……1989年12月25日（享年73）
処刑手段……銃殺
処刑地……ルーマニア・トゥルゴヴィシュテ

右ページのチャウシェスク大統領の妻で、夫とともに国民を苦しめたエレナもまたルーマニア革命で失脚、死刑判決を受ける。裁判が終わり、自分の両手をヒモで縛ろうとする軍人たちにエレナは「これは何なの？ 何をするつもりなの？ 触るな！ 縛るな！ 私たちを怒らせるつもり!? 私の手が折れる！ 手を放せ、その手を放すのよ！ 恥を知りなさい！」と叫び激しく抵抗した。が、問答無用で処刑場へと連行されると、銃殺隊を前に彼女は再び叫ぶ。「よく考えなさい。私はこの20年間、おまえたちの母親であり続けてきたのよ！」。その直後に計120発の銃弾が放たれ即死。後に、銃殺隊の一人は「2人には何の同情も湧かなかった。視線を交わすこともなかった。動物を殺すようなものだ」と語っている。ちなみに、共産政権が滅びた後、ルーマニアでは1990年1月に死刑を廃止。チャウシェスク夫妻はルーマニアで死刑が執行された最後の存在となった。

# 私は暴力の中毒だった。

## テッド・バンディ

世界一有名なシリアルキラー

執行……1989年1月24日(享年42)
処刑手段……電気椅子
処刑地……米フロリダ州立刑務所

1974年から1978年にかけて、全米各地で若い女性を殺害し、「シリアルキラー」という言葉を世に定着させたテッド・バンディ。被害者の正確な総数はわかっていないが、逮捕から約10年間、否認を続けた後、30人を超える殺人を犯したと自白している。犠牲者の特徴は、バンディが大学生のときの交際相手で、後に失恋した女性に似た「髪を真ん中で分けた黒髪の若い白人女性」が中心で、バンディは彼女らを言葉巧みに誘い、無防備状態にさせてから相手を殴り意識を失わせ強姦、その後殺害し、死体を遠くまで運んで切断し屍姦。時には数日後に死体の場所に戻り、切り取った女性の口の中に射精したこともあった。頭脳明晰なバンディは公判で弁護人を雇わず、自分で自分を弁護するも、1979年7月31日に死刑判決。電気椅子で処刑されることが決まると、「私は暴力の中毒だった」と寂しい表情で話したという。執行はさらに10年後のことである。

# アイ・ラブ・ユー。

## ラスベガス同性愛者2人殺害事件

## ショーン・フラナガン

執行……1989年6月24日(享年28)
処刑手段……薬物注射
処刑地……米ネバダ州立刑務所

1987年、米ネバダ州ラスベガスで45歳と59歳のゲイの男性が殺害された。犯人は同性愛者を憎悪する当時26歳のショーン・フラナガンという男だった。フラナガンは20代前半で結婚するもアルコール依存で妻と離婚。その後、全米を放浪し、1987年に勤務先のボウリング場から金を盗んでラスベガスに逃亡していた。酒とギャンブルで全財産を失った彼に部屋を与えてくれたのが最初の被害者である45歳の男性。しかし、男性がゲイとわかるや絞殺し、遺体をビニール袋に入れモーテルのゴミ箱に遺棄。さらに、ヒッチハイクで自分を拾ってくれたピアニストの男性もゲイと判明した途端に首を絞め殺害した。ほどなく、カリフォルニア州の歩道橋を歩いているところを逮捕され、裁判で死刑判決。控訴せずにそのまま刑が確定した。薬殺刑に処される前、フラナガンは犠牲者の家族に謝罪の言葉を述べた後、最期に「アイ・ラブ・ユー」とつぶやき28年の生涯を終えた。

# ドナルド・ギャスキンズ

## 米サウス・カロライナ州15人殺害事件

# 死ぬ覚悟はできているさ。

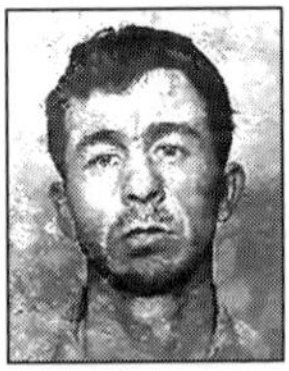

執行……1991年9月6日(享年58)
処刑手段……電気椅子
処刑地……米サウス・カロライナ州矯正施設

ギャスキンズは1933年、米サウス・カロライナ州で私生児として生まれ、母親と愛人の性行為を間近で見ながら育った。11歳で学校をやめ、自動車修理工場で働く傍ら同い年の少女を暴行。送られた少年院で看守を殺害する。出所後も塀の内外を出入りしながら1969年9月、ヒッチハイク中の女性を殺害。以降、1975年11月に逮捕されるまでに少なくとも13人(本人の自供では110人)を魔の手にかける。1976年5月、下った判決は終身刑だったが、その6年後の1982年9月、ギャスキンズはサウス・カロライナ州コロンビアにある中央矯正施設の死刑囚監房にいた黒人死刑囚を、プラスティック爆弾を使って殺害する。その死刑囚に両親を殺された息子から依頼を受けての犯行で、死刑囚の体は粉々に吹き飛んだという。この一件で1991年6月、最高裁はギャスキンズに死刑を宣告。執行当日、電気椅子に座った彼は「死ぬ覚悟はできているさ」と述べ刑場の露と消えた。

# リッキー・レクター

## 自分の頭を撃ち脳障害を負った殺人者

# あとで食べるから。

執行………1992年1月24日(享年42)
処刑手段………薬物注射
処刑地………米アーカンソー州矯正局刑務所

1981年3月21日、レクターは米アーカンソー州コンウェイのナイトクラブに車で向かった。が、たった3ドルの入場料が払えず、入店を拒否されたことに怒り銃を発砲、男性1人を殺害する。3日後の24日、レクターの姉妹がコンウェイの街で逃走を続ける本人に警察へ出頭するよう説得。レクターは子供のころから懇意にしていた巡査に身柄を預けることに同意するが、いざ巡査が自宅に来ると、その背中に向け2発銃弾を放ち殺害してしまう。その後、覚悟を決めたように自身のこめかみに銃を当てて発砲するも、絶命はできず、深刻な脳障害を負う。その場で逮捕され、裁判で死刑判決。執行当日、レクターのスペシャル・ミール(最期の食事)は牛ステーキ、フライドチキン、粉末ジュース、ペカンパイだった。が、全部を食べきれず、ペカンパイを残す。彼が薬殺刑に処される直前に発した上記の言葉は、そのペカンパイのことを指している。

# ジョニー・ギャレット

## 米テキサス州修道女強姦殺害事件

俺をどうにかして
救ってくれようとした
友人たちに感謝する。
色々と手助けしてくれた
精神科の先生にも
俺を愛してくれた家族もだ。
残りの奴らは俺の尻でも舐めやがれ。

執行……1992年2月11日(享年28)
処刑手段……薬物注射
処刑地……米テキサス州立ハンツビル刑務所

ギャレットの半生は悲惨の極みだ。母親の再婚相手から激しい暴行を受け、その後預けられた祖父母からも頭部を殴られ、祖父はギャレットに女の子の格好をさせて強姦し、性奴隷とした。数年後、母親が3度目の結婚をしたものの、その継父がさらに鬼畜で、ギャレットをチャイルドポルノを製作している友人のもとに連れていき、犬と獣姦させ、その様子をフィルムに収め販売した。このときまだ14歳だったギャレットは完全に精神を崩壊させ、錯乱状態で他人に暴力をふるい少年院送りに。退院後の1981年10月31日、自宅アパートの向かいにある聖フランシスコ修道院に押し入り、当時76歳の修道女を強姦し絞殺する。逮捕はその9日後だった。裁判で、ギャレットの弁護側は、長年の虐待とそれによる精神疾患、犯行時17歳という年齢を考慮し、情状酌量を求めた。が、下った判決は有罪・死刑。薬殺刑に処される前に彼が放った上記の言葉は絶望に満ちている。

# ロバート・ハリス

## サンディエゴ殺人事件

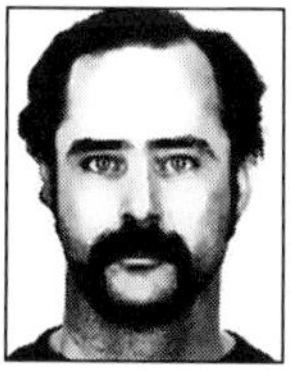

国王だろうと
街の清掃夫だろうと、
どんな身分の奴でも皆、
死神とダンスを踊るのさ。

執行………1992年4月21日（享年39）
処刑手段………ガス室
処刑地………米カリフォルニア州サン・クエンティン州立刑務所

1978年7月5日、ロバート・ハリス（当時25歳）は弟のダニエル（同18歳）と共謀、銀行強盗の目的で、米カリフォルニア州サンディエゴを訪れた。スーパーマーケットの駐車場で犯行用の車を盗むべく物色していたところ、1台の車が通りかかる。乗っていたのは15歳と16歳の高校生2人組。ロバートは彼らに目を付け、車が停まるや後部座席に侵入、銃を突きつけ車を手放すよう要求する。高校生たちは素直に応じ、命だけは助けてくれと懇願した。にもかかわらず、ロバートは非情にも2人を射殺。弟のダニエルはその様子を傍で見ながら嘔吐したという。

1時間後、兄弟はマスクを被ってサンディエゴ信託銀行を襲い3千ドルを奪って逃走したが、その日のうちに逮捕。1979年3月、裁判で死刑判決を受け、その13年後に処刑される。処刑当日、ロバートは1991年の映画「ビルとテッドの地獄旅行」の台詞に基づいた上記の言葉を発し、ガス室に消えた。

# ウェストリー・ドッド

## 米ワシントン州3少年強姦殺人事件

どうしてこんなに
子供を愛しながら、
なぜ、あんなことが
できたのか自分でも
理解できないんだ。

執行……1993年1月5日(享年31)
処刑手段……絞首
処刑地……米ワシントン州立刑務所

ドッドが10歳前後の男子に性的いたずらを働くようになったのは、自身もまだ少年だった13歳のとき。以来、強制わいせつ容疑で逮捕されること数回。被害者は50人以上(全員12歳未満)に及び、後に精神科医から「性的サイコパス」の診断を受けている。1989年9月4日、11歳と10歳の兄弟を米ワシントン州バンクーバーの人里離れた場所に誘いこみ、性的暴行を働いたうえでナイフで刺殺。同年10月29日には、4歳の男児を自宅アパートに連れ込み、性的虐待を加えた後に絞殺。遺体をクローゼットに吊るし、その姿をカメラに収めた。同年11月13日、新たな獲物を誘拐しようとしたところを見つかり逮捕。1990年、死刑判決を受ける。上記の言葉は1991年、ドッドが獄中インタビューに答えたときのもので、自分の犯罪を疑問視する傍ら「僕の中では殺すことが痴漢行為と同じくらい興奮するようになったんだ」とも述べた。死刑執行はインタビューの2年後である。

# ジェイムズ・レッド・ドッグ

## 米デラウェア州男性警備員殺害事件

# 家に帰るよ、ベイビー。

執行………1993年3月3日(享年39)
処刑手段………薬物注射
処刑地………米デラウェア州矯正局

レッド・ドッグは1954年、ネイティブ・アメリカンの両親のもとに生まれ、先住民居住区域で育った。貧困暮らしのなか、19歳のころから強盗を重ね、1977年にはバーで知り合った男性2人を金目当てで殺害する。1988年、収監されていたデラウェア州の刑務所を脱獄。アメリカインディアン運動に参加した後、1991年2月9日、同州のモーテルで夜間警備に就いていた男性の自宅に押し入り、男性を電気コードで縛り上げたうえにナイフで喉を掻き切って失血死させる。逮捕はその4日後。このとき、レッド・ドッグは警察犬を撹乱するため、鹿の糞を体中に塗りたくっていたという。1992年4月、死刑判決。レッド・ドッグは控訴せず素直に刑を受け入れ、執行直前、「私を親切に扱ってくれた全ての人々や、支援してくれた私の家族や友人に感謝したい」と口にした後、立ち会いの妻に「家に帰るよ、ベイビー」と言い、薬殺刑に処された。

# アンドレイ・チカチーロ

## ロストフの切り裂き魔

# 脳は撃つな。日本人に売れる。

執行………1994年2月14日(享年57)
処刑手段………銃殺
処刑地………露ノヴォチェルカッスク刑務所

1978年〜1990年、ソ連ロストフ州を中心に43人(自白では57人)の子供や女性を人里離れた場所に誘い込み強姦、両目をナイフでえぐるなど激しい損傷を加えて惨殺し「ロストフの切り裂き魔」の異名をとったチカチーロ。一連の鬼畜な犯行が同一人物によるものと特定されなかったのは、当時のソ連当局が、社会主義国家に快楽目的の連続殺人など存在しないと思い込んでいたからだと言われる。しかし、逮捕後の取り調べでチカチーロは人を殺すことに興奮を覚えたと得意げに供述。公判では、下半身を露出させ自慰行為を始めるなど奇行を繰り返した他、「息子を返して」と叫ぶ犠牲者の母親には「もう食っちまったよ」と言い放った。1992年10月、死刑判決。執行はその1年半後で、当日、刑務所の地下室にある処刑場で被害者への謝罪の言葉を手紙に綴ったものの、銃殺直前には「脳は撃つな。日本人に売れる」と口にし、死後、実際に買った日本人がいると噂されている。

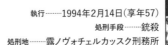

# 尻にキスしろ。

## ジョン・ゲイシー

33人の少年を葬った殺人ピエロ

執行……1994年5月10日(享年52)
処刑手段……薬物注射
処刑地……米イリノイ州ジョリエット刑務所

ゲイシーは模範的な市民だった。大手靴販売店の営業部長で、地元シカゴでは慈善パーティでピエロの仮面を被って子供たちを喜ばせるなどボランティア活動に尽力、民主党のメンバーとしてジミー・カーター大統領夫人と一緒にカメラに収まったこともある。が、この男には恐ろしい裏の顔があった。幼少期に父親から受けた壮絶な虐待の反動で、少年愛に傾倒。1972年から1978年の7年間に、言葉巧みに自宅に誘い込んだ多くの少年に性的暴行を加え、そのうち9歳男児を含む33人を殺害、遺体を地下に遺棄していた。1978年の家宅捜索時、床下から漂う死臭で警官たちは激しいめまいと吐き気に襲われたという。1980年に死刑判決。その後、ゲイシーに興味を持ち刑務所まで面会に来た18歳の青年を暴行しようとしたことで、再審請求は棄却される。上記の言葉は薬殺刑に処される直前に本人が口にしたもので、手続きのミスから20分近く苦しんだ後、絶命したそうだ。

# ロバート・ドゥルー

## 最期まで無罪を主張し続けた強盗殺人犯

# 覚えておけ、死刑は殺人だ。

執行……1994年8月2日(享年35)
処刑手段……薬物注射
処刑地……米テキサス州ハリス郡刑務所

ロバート・ドゥルーは1983年2月21日、米テキサス州ハリス郡で友人の兄弟ともう1人の男と共謀、共通の知り合いである17歳の男性を金目当てに鈍器で撲殺したとして逮捕された。が、取り調べで現場にいたことは認めたものの、殺人には一切関与していないと容疑を否認。公判でも無罪を主張したが、陪審員がドゥルーが主犯であると見なし有罪を評決、1987年9月、死刑判決が下る。ドゥルーはその後も首謀者は別の人間であると異議申し立てをし控訴するも、1988年6月、連邦地方裁判所はこれを却下。最高裁に審理のやり直しを求めたが1993年6月、棄却され死刑が確定する。1年後の1994年8月2日、テキサス州ハリス郡刑務所で薬殺刑執行。彼が致死量の薬物を投与される前に放った上記の台詞は、無実で殺される無念さと憎悪を口にしたものだ。ドゥルーが犯行に直接関与していたのか否かは定かではないが、共犯者はみな有期刑となっている。

# トーマス・グラッソ

## 高齢者2人強盗殺害事件

俺はスパゲッティオーズが欲しかったのに、出されたのはスパゲッティだった。この事実は報道されるべきだ。

執行……1995年3月20日（享年32）
処刑手段……薬物注射
処刑地……米オクラホマ州立刑務所

1990年12月24日夜、米オクラホマ州に住む当時87歳の女性が首を絞められ殺害された。犯人は窃盗歴のあったトーマス・グラッソ（同28歳）で、殺害後、わずかな金とテレビを奪い現場から逃走。7ヶ月後の1991年7月4日、妻と移り住んだニューヨークで、今度は当時81歳の男性を殺害し、社会保障給付小切手を強奪する。ほどなくニューヨーク警察に身柄を拘束されたグラッソは犯行を素直に自供、1992年4月に87歳女性殺害の罪で懲役20年、81歳男性殺害の罪で死刑判決を受ける。執行当日、彼に出された最期の食事は2つの蒸したムール貝、バーガーキングのダブルチーズバーガー、バーベキュースペアリブ6個、2つのイチゴミルクセーキ、カボチャパイ、ミートボール、スパゲッティ缶であった。が、グラッソが食べたかったのはスパゲッティ缶ではなくスパゲッティオーズ。上記の台詞は、執行前、それを不満に思った彼が漏らした言葉である。

# ウィリアム・ボニン

## フリーウェイ連続少年殺人事件

法に反する重大なことをしようと考えたときは、その前に静かな場所に行って真剣に考えることをお勧めする。

執行……1996年2月23日(享年49)
処刑手段……薬物注射
処刑地……米カリフォルニア州サン・クエンティン州立刑務所

ウィリアム・ボニンは1979年5月から1980年6月の1年1ヶ月の間に、南カリフォルニアで12歳から19歳まで21人の少年を強姦、殺害。遺体の大半を高速道路沿いに遺棄したことから「フリーウェイキラー」の異名をとった殺人鬼である。凶悪な犯罪者がそうであるように、ボニンもまた幼少期にアルコール依存症の父から酷い虐待を受け、育児放棄の果てに犯罪に走った。ちなみに、彼の祖父は児童虐待で有罪判決を受けた過去があり、ボニンを含む3人の孫にも性的虐待を働いていたという。1974年、27歳のときに14歳の少年を強姦・殺害した容疑で逮捕され1年から15年の不定期刑を受け1978年に釈放。共犯の男2人と大量殺戮の幕を開けるのはそれから1年後だ。ボニン曰く「ひとつ殺しをやるたびに平気になった。捕まっていなかったらまだ続けていた」という。1982年の死刑判決から14年間を刑務所で過ごし1996年に執行。最期に上記の言葉を残し薬殺刑に処された。

# 米インディアナ州タクシー運転手殺害事件

## ゲアリー・バリス

# (天国に)飛ばしてくれ。

執行……1997年11月28日(享年40)
処刑手段……薬物注射
処刑地……米インディアナ州刑務所

1980年1月29日、米インディアナ州でタクシードライバーの男性が売上金の40ドルを強奪された後、全裸になるよう命じられ至近距離から38口径の拳銃で撃たれ、遺体を路上に放置された。ほどなくゲアリー・バリスという当時23歳の黒人の男が逮捕され、事件から1ヶ月も経たない2月20日、早くも死刑判決が下る。それから17年半、バリスはインディアナ州刑務所の独房で暮らした。その間、幾度も助命嘆願や死刑執行停止の請求がなされたがいずれも却下。それでも、死刑はもう執行されないものと思われた。しかし、そのときは訪れる。1997年11月28日、刑務所の外では死刑反対運動家ら約150人が「国が施行する死刑は間違いなく殺人だ！　処刑は解決策ではない！」と抗議の声を挙げた。だが、その声が届くことはなく、バリスの体に致死量の薬物が注入される。上の台詞は執行直前、彼が口にした最期の言葉である。

# キム・ソンジャ

## 韓国史上初の女性シリアルキラー

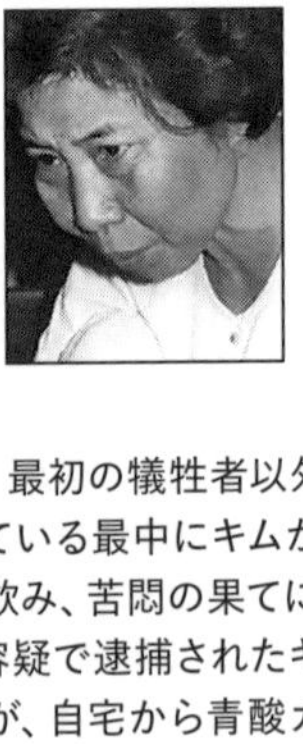

# 私に罪があれば、それは貧しく生まれただけです。

執行………1997年12月30日(享年58)
処刑手段………絞首
処刑地………韓国・大田(テジョン)刑務所

1986年、キム・ソンジャは、ペイント工場で働く夫と子供3人と共に韓国ソウルで暮らしていた。近隣住民からは平凡な主婦と見られていたが、家計は火の車。キムが賭博にハマり、多額の借金を抱えていたのだ。そこで彼女は債権者を殺害し、金を奪うことを計画。同年10月31日に金を借りていた知り合いの女性を一緒に風呂に行こうと誘ったうえ青酸カリ入りのお茶を飲ませ殺害、指輪を奪ったのを皮切りに、自分の父や妹を含む計6人を毒殺する。最初の犠牲者以外、全員がバスに乗っている最中にキムから渡された飲み物を飲み、苦悶の果てに絶命していた。殺人容疑で逮捕されたキムは犯行を否認したが、自宅から青酸カリが見つかったことで死刑判決。その後も身の潔白を主張したまま最期に上記の言葉を残し、絞首台の露と消えた。ちなみに、キムは同じ日に大田刑務所で処刑された22人とともに、韓国で最後に死刑に処された死刑囚の1人である。

# カーラ・タッカー

## ヒューストン強盗殺人事件

# 私はもうじきイエスに会えます。

執行……1998年2月3日(享年38)
処刑手段……薬物注射
処刑地……米テキサス州立ハンツビル刑務所

タッカーは1959年、米テキサス州ヒューストンで生まれた。10歳のとき、両親が離婚したことで生活が荒れ始め、14歳で売春婦に。その後、結婚と離婚を経験、20代前半で1組の夫婦と知り合い、彼らの紹介でダニー・ギャレットという男性と交際を始める。1983年6月14日深夜、タッカーはドラッグを楽しむため、夫婦の車を盗んで売ろうと考え、ギャレットとともにヒューストンの夫婦宅に侵入。物音に気づいた妻が声をあげたため、タッカーが数十回つるはしで妻の頭を叩き、最後はギャレットがとどめを刺して殺害した。さらに、このとき偶然家にいた夫婦の友人女性も殺害。タッカーは後に、人を殺すことに異常な快感を覚えたと語っている。タッカーとギャレットは1ヶ月後に逮捕され、裁判で下された判決は両者ともに死刑。その後、タッカーは聖書に触れたことで改心し、執行直前、上記の言葉を口にし薬殺刑に処された(ギャレットは1993年、肝臓がんで死亡)。

# ジェラルド・スターノ

## 41人の女性を亡き者にした強姦殺人鬼

# 死刑を延期してくれるなら遺体の発見に協力するよ。

執行………1998年3月23日(享年46)
処刑手段………電気椅子
処刑地………米フロリダ州立刑務所

1951年、ニューヨークで生まれたスターノは売春婦の母親に放置されて育った幼少期に受けた傷が治らず、犯罪の道に入り、やがて連続殺人犯へ変貌していった。1969年、18歳のときにニュージャージー州で若い女性を強姦・殺害して以降、同州やフロリダ州、ペンシルベニア州において16歳から25歳までの女性41人(うち2人を除き全て白人)を凌辱したうえで、ナイフで刺したり首を絞めて殺害、遺体を無造作に放置した。1980年3月、スターノの襲撃から逃げきった女性の通報により逮捕。裁判で死刑判決を受けたものの、獄中で彼は上記のような言葉を口にし延命を希望する。が、逮捕から18年後に死刑執行。最期の言葉は「私は無実です。私は怯えています。私は脅迫され、実際の法的代理人もいないまま毎月毎月拘留されていました。私は犯していない犯罪を自白しました」という、自身の身の潔白を主張するものだった。

# デビッド・カスティーリョ
## 米テキサス州酒店レジ係殺害事件

全ての悪から解放された人はいないし、価値がないほど邪悪な人もいない。

執行……1998年9月23日(享年34)
処刑手段……薬物注射
処刑地……米テキサス州立ハンツビル刑務所

1983年7月14日、米テキサス州イダルゴ郡メルセデスにある酒店の男性レジ係(当時59歳)が、強盗目的で店に押し入ったデビッド・カスティーリョ(同18歳)に刃物で刺され1週間後に搬送先の病院で死亡した。犯人のカスティーリョは地元の高校を中退後、職に就かず窃盗などを働き、事件の数日後には別の強盗事件を起こし逮捕された。この一件で懲役8年の刑に処されたが、後にレジ係殺害現場に残された運動靴の足跡と、強盗事件現場の足跡が一致したため再逮捕。裁判で死刑判決が下される。犯行当時18歳という年齢を鑑みて、彼の弁護人は幾度も減刑を求めるも全て却下され、事件から15年後に死刑執行。カスティーリョは最期に「全ての悪から解放された人はいないし、価値がないほど邪悪な人もいない。俺は家族のみんな、特に姪を見守っている。愛してるよ」と告げ、致死量の薬物を体内に投与された。

# ケネス・マクダフ

## テキサス箒《ほうき》の殺人鬼

# 私を解放してくれ。

執行……1998年11月17日(享年52)
処刑手段……薬物注射
処刑地……米テキサス州立ハンツビル刑務所

常に銃を携帯するなど近隣住民から恐れられていた母親のもとで育ったマクダフが最初に殺人を犯すのは1966年8月、20歳のとき。仲間と一緒に15歳と17歳の少年と、16歳の少女を誘拐、少年2人を銃で殺害し、少女を2人がかりでレイプした挙げ句、箒の柄を彼女の喉に突っ込み窒息死させた。この犯行手口から「箒の殺人鬼」と呼ばれたマクダフは裁判で死刑を宣告されたが、1972年の死刑を違憲とした(後に復活)米国最高裁判決により、終身刑に減刑。1989年に仮釈放となる。結果的に、テキサス当局のこの決定は大きな誤りだった。釈放から3日後に麻薬常習者の売春婦をレイプし殺害し、以降1992年3月までに強盗、強姦目的で少なくとも4人の男女を殺害する。一連の犯行により再び逮捕され、1993年2月に再び死刑判決。これを機に仮釈放の制度が見直され、規定が厳しくなった。上記の台詞は薬殺刑が執行される前に本人が口にした最期の言葉である。

# クリスティーナ・リッグス

## 米アーカンソー州実子殺害事件

# 愛してる、私のベイビー。

執行……2000年5月2日(享年28)
処刑手段……薬物注射
処刑地……米アーカンソー州矯正局女性刑務所

1997年11月4日、米アーカンソー州シャーウッドの病院で看護師として働いていたリッグス（当時26歳）が、勤務先から複数の薬物を持ち出し、その日の夜、息子のジャスティン（同5歳）と娘のシェルビー（同2歳）に睡眠導入剤を与え眠らせた。その後、ジャスティンに毒性塩化カリウムを注射すると、激しい痛みで目を覚まし絶叫。リッグスは暴れる息子の顔に枕を押し当て、窒息死させる。続けて、シェルビーも同じ手口で殺害した後、リッグスは遺書を書き、睡眠薬28錠を服用、塩化カリウムを自らに注射するが、一命を取り留めた。いったい、動機は何なのか。後の公判で本人が語ったところによれば、実は殺害した2人の子供は父親が異なり、リッグスは自分が自殺した後、子供たちがそれぞれの父親に引き取られ兄妹別々になるのを憐れみ道連れにしたのだという。1998年6月、死刑判決。リッグスは最期に自らが殺めた子供に言葉を残し、薬殺刑に処された。

# ベニー・デンプス

## 33分間苦悶の末に絶命した死刑囚

# こんなのは処刑じゃない。殺人だ。

執行……2000年6月7日（享年49）
処刑手段……薬物注射
処刑地……米フロリダ州立刑務所

1971年、デンプス（当時20歳）は共犯の男らと男女２人を殺害、金庫を奪ったうえに遺体を車のトランクに入れ逃走した。その後、不動産業の男性を拉致したものの逃げられ、男性の通報により逮捕される。裁判で終身刑を受けフロリダ州立刑務所に収監されて５年後の1976年９月、今度は囚人仲間と結託し、当時23歳の受刑者を刺殺する。動機はその受刑者が密告者だったからだという。改めて裁判で死刑が宣告され、事件から実に24年後の2000年に執行。当日、デンプスは処刑室のベッドに横たわり「私はここで切り刻まれた。ものすごい痛さだ。彼らはももに切り込みを入れ、足に切り込みを入れ、血は吹き出まくっている。こんなのは処刑じゃない。殺人だ」と言い死を待った。しかし、このとき執行官らが処刑の手続きを誤り、デンプスは体に薬物が注射されてから33分もの間、苦悶し絶命する。彼が言うとおり、それは殺人と呼んでもおかしくない残虐なものだった。

# さあ時間だ。

## クロード・ジョーンズ

### 米テキサス州酒店店主殺害事件

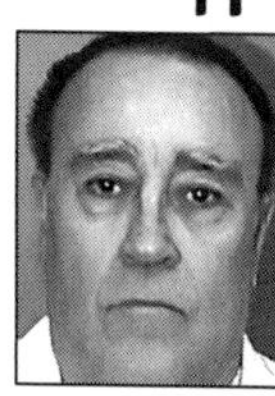

執行……2000年12月7日(享年60)
処刑手段……薬物注射
処刑地……米テキサス州立ハンツビル刑務所

1989年11月14日、当時49歳のクロード・ジョーンズが仲間の男2人を伴い、米テキサス州のポイント・ブランクにある酒店に押し入り、店主に3度発砲し死亡させ、レジから現金900ドルを奪い、逃走した。その後、ジョーンズらは同州ハンブル市の銀行を襲い1万4千ドルを強奪、その金をラスベガスのカジノで使い果たす。逮捕は酒店での犯行から3週間後。裁判でジョーンズは殺害の実行犯は自分ではないと無罪を主張したが、下った判決は死刑。共犯の2人には懲役60年、懲役10年が言い渡された。死刑確定後も無罪を訴え続けるも、11年後に執行の日は訪れる。致死量の薬物が投与される前、最期の言葉を聞かれたジョーンズは被害者遺族に向けて「(自分はやっていないが)自分が死刑になることで遺族は気持ちにけじめがつくだろう。身内を亡くした遺族には本当に同情する。俺はみんなを愛してるよ。さぁ時間だ」と口にし、死へと旅立った。

# ワンダ・アレン

## レズビアンの恋人2女性殺害事件

父よ、
彼らをお許しください。
彼らは自分が
何をしているのか、
わかっていません。

執行……2001年1月11日（享年41）
処刑手段……薬物注射
処刑地……米オクラホマ州立刑務所

同性愛者のアレンが、幼馴染でガールフレンドのデドラ・ペタスを同棲していたアパートで射殺するのは1981年6月29日のこと。ペタスが以前交際していた男性の恋人をめぐる口論が原因の犯行だった。この一件で逮捕されたアレンは過失致死罪に問われ、懲役2年の刑を受け服役する。そこで知り合ったのが、新たな恋人、グロリア・ジーン・レザーズだった。2人は出所後、一緒に暮らし互いの愛を育んだが、1988年12月2日、米オクラホマ州オクラホマシティの食料品店で口論を始める。市の職員が駆けつけ、彼女らに付き添い家へと向かったものの、その直後にアレンはレザーズの腹部に向かって発砲。その場で逮捕され、レザーズは3日後に死亡した。裁判でアレンの弁護人は、彼女のIQが69しかないことなどを理由に情状酌量を求めた。が、下った判決は死刑。最期に、1928年に夫殺しで処刑されたルース・スナイダーが残した言葉（本書155P参照）を引用し、薬殺刑に処された。

# あばよ、所長。

## 米サンフランシスコ酒店店主殺害事件

## ロバート・マッシー

執行………2001年3月27日（享年59）
処刑手段………薬物注射
処刑地………米カリフォルニア州サン・クエンティン州立刑務所

マッシーは1941年、米バージニア州に生まれた。母親から拷問に近い虐待を受けつつ育ち犯罪の道へ。1965年1月15日、23歳のときに強盗目的で男性を殺害、逮捕され、1967年に死刑判決を受ける。が、1972年、合衆国最高裁判所が全ての死刑判決を無効としたことで終身刑に減刑され、1978年、模範囚として仮釈放の身となる。1年後の1979年1月3日、サンフランシスコの酒店に強盗目的で侵入し、当時61歳の男性店主を殺害。翌日に逮捕され、同年5月に再び死刑判決を受ける。その後、刑務所の所長から何度も控訴を勧められたが、これを拒否。執行の夜、薬物注射を打つためにベッドに横たわり、ストラップを全身にくくりつけられた段階になっても、まだ執行を止めて控訴の手続きに戻ることができたが、彼は最後まで首を縦に振らなかった。所長が「本当にいいのか？」と処刑室を出ようとしたとき、マッシーが呟いた。「あばよ、所長」。

# ティモシー・マクベイ

## オクラホマシティ連邦政府ビル爆破事件

私を覆う夜の闇を越えて
鉄格子の隙間から
地獄牢に射す暗黒。
思うに神は私にとって
征服不能の魂である。

執行……2001年6月11日(享年33)
処刑手段……薬物注射
処刑地……米インディアナ州テレホート連邦刑務所

1995年4月19日、米オクラホマ州の州都オクラホマシティで、車爆弾によってオクラホマシティ連邦地方庁舎が爆破され、子供19人を含む168人が死亡する大事件が起きた。犯人は元陸軍兵士のティモシー・マクベイ（当時26歳）を首謀者とする男3人。後の自白によると、犯行動機は政府によるウェーコ事件（1993年2月から4月にかけて、アメリカ当局がテキサス州ウェーコ市にあった宗教セクトの寄宿施設を包囲、銃撃戦で信者6人、捜査官4人が死亡した事件）に対する抗議のためだったという。1995年8月10日、裁判で主犯マクベイに死刑判決、共犯者の1人に終身刑、もう1人に懲役12年が下る。死刑執行は判決から6年後。執行当日、マクベイはイギリスの詩人、ウィリアム・アーネスト・ヘンリーが1875年に発表した『インビクタス』の詩の一節を最期の言葉とし、薬殺刑に処された。その様子は被害者遺族に、暗号化された信号によりテレビ中継されたという。

# ジェフリー・ウィリアムズ

## ヒューストン23歳女性強姦殺人事件

# 俺のことを愛してくれる奴はみんな好きだ。愛してくれない奴は嫌いだ。

執行……2002年6月26日(享年34)
処刑手段……薬物注射
処刑地……米テキサス州立ハンツビル刑務所

17歳のころから自動車窃盗の常習犯として塀の内外を行き来していたウィリアムズが残虐な事件を起こすのは1994年10月26日。米テキサス州ヒューストンのアパートに住む23歳の女性宅に押し入りレイプ、首を絞め殺害した。その後、隣室にいた彼女の9歳の娘も強姦し「誰かに話したら殺すぞ」と脅し現場を後にする。娘が祖母に事件を話したことで警察の捜査が始まり、ほどなく現場に残っていた指紋と、前歴者指紋のデータが照合されウィリアムズが浮上。自宅アパートにいたところを逮捕される。犯行が仮釈放中だったことから陪審員は躊躇なく有罪を評決、死刑判決が下る。執行当日、ウィリアムズは最期の言葉を聞かれ「アホなポリ公たち、てめえらはさっさと子供たちを殺すのを止めやがれ。全ては神がしくんだことさ。聞いているか？　俺は俺のことを愛してくれる奴はみんな好きだ。愛してくれない奴は嫌いだ」と発し、薬殺刑に処された。

# アイリーン・ウォーノス

## アメリカ初の女性連続殺人鬼

# アイ・ウィル・ビー・バック。

執行………2002年10月9日（享年46）
処刑手段………薬物注射
処刑地………米フロリダ州立刑務所

テッド・バンディ（本書192P）の女性版と言われるシリアルキラー。16歳で家を出た後、主に売春で糊口を凌いでいたウォーノスが殺人を犯すのは、バーで知り合ったレズビアンの恋人と暮らし始めて3年が経った1989年11月のこと。いきなり殴りかかってきた51歳の男性客を思わず護身用の銃で射殺したのだ。以降、金を得るには殺す方が手っ取り早いと、1990年11月までの1年間で男性6人の命を奪い去る。逮捕当初、ウォーノスは犯行を否定していた。が、面会に訪れた恋人の説得で自供を始める。しかし、実はその恋人、警察との取引で、自分も関与した犯行を罪に問わないことを条件にウォーノスから自白を引き出していた。恋人の裏切りを知った彼女は絶望に打ちひしがれ、公判中、暴言を吐き散らし自分を早く処刑するよう要求。執行当日はコーヒー一杯だけを飲み、最期に言った。「あたしはこれから航海に出るけど、また帰ってくる。アイ・ウィル・ビー・バック」。

# スコット・ミンク

## 米オハイオ州両親撲殺事件

最後の声明を出す機会を与えてくれてありがとう。僕は家族と神と和解したよ。

執行……2004年7月20日(享年40)
処刑手段……薬物注射
処刑地……米オハイオ州南オハイオ矯正施設

2000年9月19日、米オハイオ州モンゴメリー郡に住むスコット・ミンク（当時36歳）は、麻薬やアルコールを買いに行くため車に乗ろうとした。が、なぜかドアがロックされており開かない。両親が息子に薬物を買わせないよう、鍵を隠していたのだ。それを知ったミンクは激怒し、寝室で眠っていた父（同79歳）と母（同72歳）の頭をクローハンマーで叩き割り、まな板で頭蓋骨が粉々になるまで殴ったうえ、包丁で何度も刺し最後に母親の首を電気コードで絞めて殺害する。その後、ミンクは両親のクレジットカードを盗み、クラックコカインを買うために家の物を売却。犯行から4日後、家を訪ねてきて2人の遺体を発見した娘が警察に通報したことで逮捕される。裁判でミンクは死刑を望んだが、オハイオ州法では、被告の意思とは関係なく控訴されることになっており、死刑が確定したのは2004年4月。3ヶ月後の執行当日、ミンクは上記の言葉を残し薬殺刑に処された。

# モハメド・ビジェ

## イラン54少年強姦殺害事件

# 俺は死刑を宣告されるに値しない。

執行………2005年3月16日(享年21 or 22)
処刑手段………絞首
処刑地………イラン・テヘラン州パークダシュト

モハメド・ビジェは2002年3月からの2年半で8歳から15歳までの少年を片っ端から強姦、そのうち54人を殺害したイラン犯罪史に名を刻むシリアルキラーだ。犯行の背景には父親からの虐待と、11歳のときに受けたレイプ被害があり、後に本人は「幼少期から残酷な苦しみを受けてきたが、自分の人生を他人と比べてみると、どうしても社会に復讐したかった」と動機を述べている。上記の言葉は逮捕2ヶ月後の2004年11月、裁判で鞭打ち100回の刑の後に死刑に処せられる判決を聞いたビジェが口にしたもので、執行はその4ヶ月後だった。当日、彼が事件を起こした付近のテヘラン州パークダシュトの処刑場に5千人の群衆が集まるなか、ビジェは鉄柱と繋がった手錠をかけられて、鞭打ちの刑罰を受ける。その後、首にナイロンのロープの輪が通され、クレーンで地上10メートルの高さまで吊り上げられ死亡。ネットにはこのときの画像、動画がアップされている。

# ダグラス・ロバーツ

## 米サンアントニオ白人男性誘拐殺人事件

俺が死んだら、
地中深くに埋めてくれ。
足元には
2台のスピーカーを置いて、
耳にはヘッドフォンを付け、
ロックンロールを流してくれ。

執行……2005年4月20日（享年43）
処刑手段……薬物注射
処刑地……米テキサス州立ハンツビル刑務所

1996年5月18日、当時33歳のロバーツは米テキサス州サンアントニオのコンビニ駐車場で車を盗んだ後、40歳の白人男性宅にナイフを手に強盗目的で押し入った。男性は車で拉致され、高速道路脇で降ろされる。2人はそこで格闘になり、ロバーツが男性を滅多刺しにし、最終的に車で轢き殺した。その足で自ら公衆電話で通報。駆けつけた警察により逮捕される。1997年1月、死刑判決。8年後の執行当日、ロバーツは、サザンフライドチキン胸肉、ベーコン、レタスとトマトのサンドイッチ、牛ひき肉、グリルポークチョップ、コーントルティーヤ、デビルエッグなど豪華な最期の食事を楽しんだ後、処刑室のベッドに横たわった。精神状態は上々で、言い残すことを聞かれ、上記の言葉を口にした後、窓から見守る家族や友人に微笑みながら「俺は死んでしまうけど、いつか天国で会おう。みんな愛している」と言い、死へ旅立った。

# スタンリー・ウィリアムズ

## ノーベル賞の候補になった強盗殺人犯

# この野蛮な死に方に恐怖はない。

執行……2005年12月13日(享年51)
処刑手段……薬物注射
処刑地……米カリフォルニア州サン・クエンティン州立刑務所

ウィリアムズは1953年、米ルイジアナ州ニューオーリンズに生まれた。1971年、17歳のときストリートギャングに加わり組織を拡大。1979年にカリフォルニア州で起こした2件の強盗殺人容疑(犠牲者4人)で逮捕され、1981年に死刑の宣告を受ける。収監後、改心し反ギャング活動を行い1996年よりギャング暴力に反対する9冊の本を執筆。2001年から2005年の間ノーベル平和賞にノミネートされ、多数の減刑嘆願書が出された。

が、当時の州知事、アーノルド・シュワルツェネッガーは、ウィリアムズが自身の犯した殺人を否認し、謝罪も行っていないことから恩赦の決定を拒否。結果、予定どおり薬物注射による死刑が実行されることになる。上記の文言は、処刑数時間前、ロサンゼルスのラジオ局のインタビューに応じた際の冒頭の言葉で、この後、ウィリアムズは自分の無実や家族への感謝を口にし刑場の露と消えた。彼の追悼式には2千人の支持者が集まったという。

# ホカヘイ。

## クラレンス・アレン

### 米カリフォルニア州報復殺人事件

執行………2006年1月17日(享年76)
処刑手段………薬物注射
処刑地………米カリフォルニア州サンキンチン州立刑務所

1980年11月22日、米カリフォルニア州フレズノにあるスーパーマーケットの従業員ら3人が殺害された。犯人のビリー・レイ・ハミルトンの証言によれば、以前刑務所で同房だったクラレンス・アレンという男から依頼を受けたという。アレンは4年前の1976年、共犯の男3人と同スーパーに強盗に入り、トラブルから当時17歳の少女を殺害、終身刑に処されていた。が、その裁判で自分に不利な証言をした8人に恨みを持っており、釈放寸前だったハミルトンに彼らの殺害を依頼したのだった。ただ、殺された3人のうち実際の証人は1人しかいなかった。裁判でアレンは殺人を依頼していないと無罪を主張したが、陪審員の評決は有罪、判決は死刑だった。長年の獄中生活でアレンは失明し、糖尿病を発症した。が、恩赦の願いは棄却され、76歳で死刑執行。アレンが処刑前に口にした「ホカヘイ」とはアメリカ先住民の言葉で「今日は死ぬのにいい日だ」という意味である。

# ジョセフ・クラーク

## 注射針が静脈を捉えず死刑をやり直された強盗殺人犯

# それじゃあ効かないよ! 効かないって!

執行……2006年5月2日(享年57)
処刑手段……薬物注射
処刑地……米オハイオ州南オハイオ矯正施設

2006年5月2日、米オハイオ州南オハイオ矯正施設の処刑室で前代未聞の出来事が起きた。この日、薬物注射で死刑に処されたのは、1984年に麻薬を買う金欲しさに押し入った同州のガソリンスタンドで男性店員を殺害するなどした罪で死刑判決を受けていた執行時57歳のジョセフ・クラーク。彼は獄中で自分の犯した罪を悔い改め、死刑に立ち会った犠牲者の家族に謝罪した後、「今日、私の人生は、薬物によって閉じる。剣に生きた者は、剣によって滅びるということだ」と最期の言葉を残し、あとは死を待つだけだった。ところが、執行人はクラークの腕の静脈を探すのに手間取り、約1時間半も遅れて刑を執行したものの、ほどなくクラークが「それじゃあ効かないよ! 効かないって!」と体を起こし叫んだ。なんと、注射針は静脈を捉えていなかったのだ。そこで改めて死刑執行。彼の死が確認されたのは午前11時26分のことだった。

# サダム・フセイン
## 人道に対する罪

執行………2006年12月30日(享年69)
処刑手段………絞首
処刑地………イラク・バグダッド

# それがおまえの男らしさか?
(罵声を浴びせた立会人に対し)

イラクの大統領として24年にわたり圧政を敷いてきたフセインが、1982年7月の同国中部ドゥジャイルのシーア派住民大量虐殺における人道に対する罪で確定死刑判決を受けるのは2006年12月26日のこと。4日後の30日、フセインの身柄は米軍からイラク当局に引き渡され、首都バグダッドのアーザミーヤ地区にある刑務所にて絞首刑に処される。フセイン最期の言葉には諸説ある。処刑に立ち会った1人が「地獄に堕ちろ!」と罵ったことに「それがおまえの男らしさか?」と返答した、「この雑魚が」と吐き捨てた、執行人の1人がフセインと一族に敵対して処刑されたシーア派指導者ムハンマド・バーキル・アッ＝サドルの名前を叫んだことに対して、あざけるようにバーキルの孫に当たるムクタダー・サドルの名前を口にした、などなど。いずれにしろ、フセインは首にロープを巻かれても全く無関心の様子で、平然と処刑されていったという。

# カルロス・グラナドス

## 米オースティン3歳男児殺害事件

# 愛している、おふくろ。愛している、親父。

執行………2007年1月10日(享年36)
処刑手段………薬物注射
処刑地………米テキサス州立ハンツビル刑務所

1998年9月13日、米テキサス州オースティン近郊ジョージタウンの家で、カルロス・グラナドス（当時27歳）が同居する恋人のキャサリン・ジミネスと口論となり、彼女を包丁で滅多刺しにした後、キャサリンの息子アンソニー（同3歳）の胸を刺し殺害した。30ヶ所を刺されながらも一命を取り留めたキャサリンの家族からの通報で警察が現場に駆けつけると、そこには血まみれで包丁を持ったグラナドスの姿が。自殺しようと喉や両手首を傷つけたものの死にきれずにいた。彼は警官に自分を撃つよう何度も懇願したが、最終的に凶器を落とし逮捕。7ヶ月後の1999年4月、死刑判決を宣告される。執行は8年後で、この日、ハンツビル刑務所の処刑室のベッドに横たわったグラナドスは「愛している、おふくろ。愛している、親父。キャサリン、君を傷つけるつもりはなかった。俺は君に全てを捧げた。それが怒りの原因だった」と口にした後、致死量の薬物を投与された。

# フィリップ・ワークマン

## 米メンフィス警察官射殺事件

# ホームレスの人々に野菜ピザを贈りたい。

執行……2007年5月9日(享年53)
処刑手段……薬物注射
処刑地……米テネシー州ナッシュビル刑務所

1981年8月5日、コカイン中毒のワークマン(当時28歳)は薬物購入資金を奪うため、米テネシー州メンフィスのハンバーガー・チェーン店ウェンディーズに押し入った。通報を受けたメンフィス警察のロナルド・オリバー警部補(同43歳)が、金を奪い店から逃げようとしていたワークマンに制止を命じたところ、ワークマンは45口径のピストルを発砲。胸に銃弾を受けたオリバー警部補は即死する。ほどなく茂みに隠れていたところを逮捕され、1982年5月に死刑判決。薬物注射で処刑されるその日、ワークマンは「(最期の食事として出された)野菜ピザをホームレスの人々に贈りたい」と申し出る。犯行時、自分がホームレスだった経緯もあっての発言だったようだ。が、願いが叶えられるはずもなく死刑執行。その後、この話を聞いた男性が仲間に呼びかけ1千200ドルで150枚のピザを注文、ナッシュビルのホームレス支援施設に届けさせたという。

# パトリック・ナイト

## 米テキサス州夫婦殺害事件

# 死は俺を自由にしてくれる。それが最高のジョークだ。

執行……2007年6月26日(享年39)
処刑手段……薬物注射
処刑地……米テキサス州立ハンツビル刑務所

1991年8月27日、米テキサス州ランドール郡に住む当時56歳と58歳の夫婦が、犯罪歴のあるパトリック・ナイト(当時23歳)とナイト・ブラッドフィールドに自宅地下室に監禁された。翌日、ナイトらは金を得るため夫婦を車で連れ回し、その夜、人里離れた場所で2人の後頭部を撃って殺害。ほどなく逮捕され、裁判でナイトに死刑、ブラッドフィールドには終身刑が言い渡される。16年後の2007年、ナイトの死刑執行が決定されたとき、彼は最期の言葉としてジョークを語ると予告し、その「辞世のジョーク」を公募するためのコンテストを催した。この異例な出来事に全米が注目する一方、被害者遺族に対してあまりに不謹慎であるとの批判が殺到。結局、ナイトは最期にジョークを口にしないと宣言する。その代わり、処刑直前に言ったのが「死は俺を自由にしてくれる。それが最高のジョークだ。そして俺はその最高のジョークに値する」という笑えないジョークだった。

# ジョン・マレック

## 米フロリダ州45歳女性強姦殺人事件

# イエス様、私たち罪人を思い出してください。

執行………2009年8月19日(享年47)
処刑手段………薬物注射
処刑地………米フロリダ州立刑務所

1983年6月16日、米フロリダ州の有料道路で、2児の母であるアデラ・シモンズ(当時45歳)の車がガス欠により停車した。休暇からの帰りで助手席には友人女性が乗っていた。そこに通りかかったのがジョン・マレック(同21歳)と友人のレイモンド・ウィグレー。彼らはシモンズにガソリンスタンドまで乗せていくと言葉巧みに車に誘い込み、そのまま140キロ以上離れた海岸まで走らせ繰り返し強姦、バンダナで首を絞めて殺害した。その夜、2人は盗難車に乗っていたことから警察に事情を聞かれ、さらに車内からシモンズ所有の宝石などが発見されたことにより逮捕される。1984年7月、主犯のマレックに死刑判決。その後、減刑を嘆願するも聞き入れられることはなかった(ウィグレーは終身刑を受け服役中の2000年、受刑者に殺害された)。執行は判決から実に25年後の2009年。当日、マレックは薬物投与に際し鎮静剤を拒否し、最期に上記の言葉を口にしたそうだ。

# ロニー・ガードナー

## 米ソルトレイクシティ2男性射殺事件

# 何も言わない。

執行……2010年6月18日(享年49)
処刑手段……銃殺
処刑地……米ユタ州立刑務所

1984年10月9日、米ユタ州ソルトレイクシティでバーの男性オーナー(当時37歳)が射殺された。犯人は、窃盗や強盗で服役経験のある当時23歳のロニー・ガードナーという男だった。半年後の1985年4月2日、事情聴取のためソルトレイクシティの裁判所へ移送された彼は、警備員を(面会に来たガールフレンドが差し入れた)銃で脅し脱走。その途中で当時36歳の男性弁護士を射殺した後、再び裁判所に戻り人質をとり建物に立てこもる。が、周囲を警察に囲まれ、ほどなく投降。裁判で死刑判決を下される。ちなみに裁判はガードナーが上訴を繰り返したため、刑確定までに25年を要した。2010年6月15日夜、映画「ロード・オブ・ザ・リング」を観て過ごし、その3日後に、自ら選んだ銃殺により処刑される。最期の言葉はあるか? と聞かれた際には「何も言わない」とだけ答えたそうだ。

# キャシィ、愛しているわ。

## テレサ・ルイス

### 米バージニア州保険金殺人事件

執行……2010年9月23日（享年41）
処刑手段……薬物注射
処刑地……米バージニア州グリーンズビル矯正センター

ルイスは米バージニア州の極貧家庭で生まれ育った。16歳で結婚したもののすぐに離婚し、その後は数十もの職場を渡り歩く。彼女はIQがわずか72しかなく、就けるのは低賃金の仕事しかなかった。2000年春、31歳のとき、勤めていた繊維工場で知り合ったジュリアン（事件当時51歳）という4人の子持ち男性と再婚する。が、ほどなく近所のスーパーで知り合った22歳と19歳の若者と肉体関係になり、あろうことか彼らに、夫と、継子チャールズ（同25歳）の殺害を依頼する。目的は、米軍に入隊し、イラクに派兵されることになっていたチャールズにかけられた25万ドルの保険金を詐取することだった。2002年10月30日、殺害実行。しかし、絶命寸前にジュリアンが「犯人が誰かは妻が知っている」と告げたことにより、ルイスと実行犯の2人が逮捕される。2003年、死刑が確定（他は終身刑）。執行の際、継娘であるキャシィに愛の言葉を贈り、薬殺刑に処された。

# フランク・スピサック

## クリーブランド州立大学連続殺人事件

# ハイル・ヒトラー！

執行……2011年2月17日（享年59）
処刑手段……薬物注射
処刑地……米オハイオ州南オハイオ矯正施設

性転換手術を夢見る女装家と、アドルフ・ヒトラーの熱烈な信奉者。2つの顔を持つスピサックが、地元の米オハイオ州クリーブランドを「浄化」するため、ヒトラーのコスプレで凶行を開始するのは1982年2月、30歳のときだ。まずはクリーブランド州立大学の男子トイレで57歳の男性牧師を射殺。半年後の8月27日に55歳の黒人工場労働者を銃殺し、30日には再び同大学を襲い4人に発砲、17歳の学生の命を奪った。まもなく自宅アパートで逮捕されたスピサックは、裁判で「全てが神のお導きでした」などと述べ、彼の弁護人は心神耗弱を理由に無罪を主張する。が、下った判決は死刑。対しスピサックは裁判長に「たとえ、この法廷で1千回の有罪判決が下されようとも、偉大なるアーリア人の神による上級裁判所では私は無罪なのです。ハイル・ヒトラー！」と叫んだそうだ。

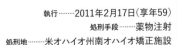

# マーク・ストローマン

## アメリカ同時多発テロの復讐殺人犯

# さあ、早いとこ終わらせてしまおう。

執行………2011年7月20日(享年41)
処刑手段………薬物注射
処刑地………米テキサス州立ハンツビル刑務所

2001年9月15日、米テキサス州ダラスのコンビニエンスストアで46歳の店員が射殺された。6日後の21日、今度は別のコンビニが襲撃され、バングラデシュからの移民である28歳の店員が被弾し、右目を失う重傷を負う。さらに10月4日、ガソリンスタンドで働いていたインド系移民の49歳男性が射殺される。翌5日逮捕されたのは、白人至上主義者で地元テキサスのネオナチ集団のメンバーであるマーク・ストローマン（当時31歳）。最初の犯行の4日前に起きたアメリカ同時多発テロに怒りを覚え、犯人らと同じイスラムまたは南アジア圏内の人間に身勝手な復讐を繰り返していた。後にストローマンは「11 September revenge killer(9月11日の復讐殺人犯)」と呼ばれる。2002年4月、死刑宣告。この判決に、右目を失った店員は減刑を求めたという。が、判決は覆らず9年後に死刑執行。上記の台詞は薬が注入される前、ストローマンが放った一言である。

# ロバート・タワーリー

## 米アリゾナ州慈善家男性殺害事件

# 私は家族を愛している。ポテト、ポテト、ポテト。

執行……2012年3月8日(享年47)
処刑手段……薬物注射
処刑地……米アリゾナ州立刑務所

1991年9月4日、タワーリー(当時27歳)は仲間の男を連れ、米アリゾナ州パラダイス・バレーに住む68歳の慈善家男性の家を訪れた。タワーリーは男性所有の車の整備士で、男性とは以前に金を恵んでもらったこともある間柄だった。が、その日、男性宅に足を運んだ目的は金。タワーリーは男性に手錠をかけ、睡眠薬を飲ませた後、貴金属を強奪。男性の首を絞めて殺し、遺体を車に遺棄し逃走する。8日後、遺体が発見され逮捕。1992年11月、死刑判決が下る(共犯の男は懲役10年)。獄中で悔い改めたタワーリーは執行当日、被害男性の遺族に泣きながら謝罪したうえで「人生で何度も、右に行くべきときに左に行ったり、左に行くべきときに右に行ったりした。間違いに次ぐ間違いだった」と悔恨の言葉を口にし、最期に「私は家族を愛している。ポテト、ポテト、ポテト」と言い、致死量の薬物を体内に投与された。ポテトの意味は不明である。

# ジョナサン・グリーン

## 米テキサス州12歳少女強姦殺人事件

# あんたらは無実の人間を殺すのか？

執行……2012年10月10日（享年44）
処刑手段……薬物注射
処刑地……米テキサス州立ハンツビル刑務所

2000年6月21日、米テキサス州モンゴメリー郡に住むクリスティーナ・ニール（当時12歳）が失踪した。両親からの通報を受け警察が一帯を捜索したところ、近くの森で彼女のブレスレットとネックレス、ピンク色の下着が見つかる。クリスティーナが事件に巻き込まれた可能性が強いとみて捜査に乗り出したFBIは、すぐに犯人の目星をつける。近くに住んでいたジョナサン・グリーン（当時33歳）。少女への性犯罪歴を持つ男だった。FBIの尋問に当初は関与を否定していたグリーンだが、やがて自宅の庭から黒焦げの灰、裏庭のバッグから人間の足が見つかり、さらにDNA鑑定によりクリスティーナの遺体の一部から見つかった毛髪がグリーンと一致したことを告げられると、観念したように、彼女を自宅に誘いレイプ後に絞殺し遺体をバラバラにしたことを自供する。にもかかわらず、死刑執行前の言葉は、自分の無実を主張するものだった。

# ドニー・ロバーツ

## 米テキサス州恋人女性射殺事件

# みんなをこんなに苦しめるつもりはなかった。

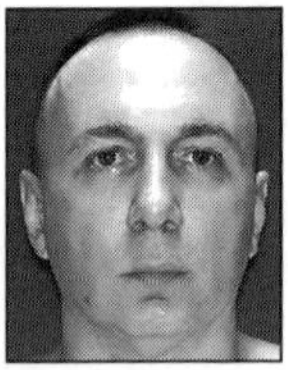

執行……2012年10月31日（享年41）
処刑手段……薬物注射
処刑地……米テキサス州立ハンツビル刑務所

2003年10月15日、米テキサス州ポーク郡レイク・リビングストンに住むドニー・ロバーツ（当時32歳）は、同棲中の恋人女性（同44歳）に小遣いをくれるよう要求、拒まれたことに腹を立て、彼女の頭部に3発の銃弾を撃ち込み殺害し、恋人の息子の車で逃走した。ロバーツは幼少期に両親から虐待と育児放棄を受け、大人になるにつれアルコールとコカインに依存。建設業などに就いていたが、犯行当時は無職だった。ほどなく逮捕され、2004年10月に死刑判決。８年間を刑務所の独房で過ごした後、薬殺刑に処される。最期の言葉を聞かれロバーツは、立ち会いの被害者遺族に向け言った。「本当に申し訳ない。みんなをこんなに苦しめるつもりはなかった。取り消せたらと思わなかった日は1日たりともない。あんなことは本当はしたくなかったのは確かだ。俺はあなたの娘を愛していた。神に祈りたい。天国で彼女に会わせてくれるなら、彼女に謝ることができる」。

## ラモン・ヘルナンデス

米テキサス州37歳女性強盗強姦殺人事件

# 言わなかったかな？ おまえの目は父親に似てるって。

執行……2012年11月14日（享年41）
処刑手段……薬物注射
処刑地……米テキサス州立ハンツビル刑務所

2001年12月16日、ヘルナンデス（当時30歳）は恋人女性と友人男性を伴い、強盗目的で米テキサス州サンアントニオ周辺を徘徊していた。そこに目に入ったのがバス停に１人で座っていたヒスパニック系の女性（同37歳）。彼らは女性から金を奪うと、強姦したうえに殺害。遺体を近所の森に運び、穴を掘って投棄した。殺人に加担したことに恐怖を覚えた恋人女性の通報により、2002年４月に逮捕。警察の取り調べで、ヘルナンデスが過去に強盗の罪で懲役16年の刑を受け1993年に仮釈放された１年後の1994年12月、12歳と13歳の従姉妹の少女２人を強姦、殺害していたことも判明した。2002年10月に死刑が宣告され、10年後に執行。処刑当日、ヘルナンデスは立ち会いの実弟に向け「言わなかったかな？おまえの目は父親に似てるって。この数日で気がついたよ。おまえたちをこんな目に遭わせてすまなかった。みんな愛している」と口にし、死へと旅立った。

# リチャード・コブ

## 米テキサス州コンビニ強盗殺傷事件

# 人生は死であり、死は人生だ。

執行……2013年4月25日(享年29)
処刑手段……薬物注射
処刑地……米テキサス州立ハンツビル刑務所

2002年9月2日、リチャード・コブ(当時18歳)は仲間の男と、米テキサス州ラスクのコンビニエンスストアに覆面を被り押し入った。散弾銃で脅しレジの金を奪った後、従業員の男女と、そのとき店にいた男性客(同24歳)を車で拉致。人里離れた場所まで連行し、女性店員をレイプした挙げ句、3人を地面にひざまずかせ発砲した。現場から逃走したコブは全員が死亡していたものと思っていた。が、息を引き取ったのは男性客だけで、店員の2人は重傷を負いながらも助かり、警察に通報。その証言から、ほどなくコブらは逮捕される。2004年1月、死刑判決(共犯者は有期刑)。執行当日、コブは上記の言葉に続けて「人類がたどり着いたこの不条理がいつか終わりになることを望む。人生はあまりにも短い。みんなの俺に対する敵対心が晴れることを望む。人生は短すぎて、憎しみや怒りに苛まれている暇はない。言いたいことはこれだけだ」と話し、薬殺刑に処された。

# ディズニーランドで会おう！

## リチャード・ラミレス
### ナイト・ストーカー事件

死亡……2013年6月7日(病死。享年53)
死亡地……米カリフォルニア州サン・クエンティン州立刑務所

1984年6月から1985年5月にかけ、米ロサンゼルス郊外を中心に男女13人が殺害、「ナイト・ストーカー」「峡谷の侵入者」と恐れられたリチャード・ラミレス。ロックミュージシャンのような風貌の彼の裁判には多くの女性ファンが傍聴席を埋めた。ラミレスは手のひらに書いた悪魔のシンボルを自分のグルーピーに見せつけるなど法廷を徹底的に侮辱。最終的に死刑を宣告された際（1989年9月）にも、報道陣に向け「人間、死ぬのも仕事のうちさ。では、ディズニーランドで会おう！」と宣った。ちなみに、「ディズニーランド」とは、「デス・イン・ランド（Death In Land）」のもじりで、規則が甘く、囚人にとって楽な刑務所を意味するスラングでもある。その後、ラミレスは24年もの間、上訴と再審請求を繰り返し、その過程で自分のファンの女性と獄中結婚したが、最期は長年の薬物乱用による血液感染で発症したB細胞リンパ腫による合併症で死亡した。

# エルロイ・チェスター

## 米ポートアーサー5人連続殺人事件

# さあ看守さん、やってくれ。

執行……2013年6月12日(享年43)
処刑手段……薬物注射
処刑地……米テキサス州立ハンツビル刑務所

エルロイ・チェスターは米テキサス州ポートアーサーでわずか5ヶ月の間に5人を殺害したシリアルキラーだ。1997年9月に78歳女性、11月に87歳女性と40歳女性、12月に35歳の義理の兄弟、翌年2月にはレイプされていた姪たちを守ろうとした38歳の消防士。被害者はみな自宅で射殺された。いったい、動機は何なのか？ 逮捕後、チェスターは、かつてテキサス州の白人職員と口論になったことへの恨みが消えず、「白人に対する憎悪の念」から正気を失っていたからだと答えている。裁判でチェスターのIQが調べられ、死刑の適用基準から外れる70未満と判明した。が、下った判決は死刑。最後の被害者宅に侵入した際、ニット帽で顔を隠したうえ、証拠を残さないよう手袋をはめ、さらに外部との連絡を遮断するため電話線を切断するなど用意周到さが窺えたからだ。執行前、彼は自分がさほどに悪い人間ではないと言い訳した後、上記の言葉を残し薬殺刑に処された。

# みんな、愛している。死ぬのは怖くない。

## ヴォーン・ロス

### テキサス工科大学院生による2女性殺害事件

執行……2013年7月18日（享年41）
処刑手段……薬物注射
処刑地……米テキサス州立ハンツビル刑務所

2001年1月31日、テキサス工科大学大学院生のヴォーン・ロス（当時29歳）が、同大学の図書館の副部長だったダグラス・バーソール（同53歳）と、ロスのガールフレンドの妹であるヴィオラ・マクイド（同18歳）を射殺した。犯行動機は明らかではないが、ほどなくロスの車から2人の遺体が発見されたことにより逮捕。2002年9月に死刑判決が下る。執行はそれから11年後で、処刑前、立ち会いの家族らに向け「俺のためにここに来てくれてありがとう。案の定の結果だったよ。おまえたちにとって辛いことなのはわかっているが、これを乗り越えていかなくてはならない。みんな、強く、前に進んでほしい。みんな、愛している。死ぬのは怖くない」と言い、薬殺刑に処された。ちなみに、ロスは生前、スウェーデンの新聞『アフトンブラーデット』の要請に応じ、最期の1週間を取材させ、同紙は処刑当日、刑務所の外から生中継した。

# ケネス・ホーガン

## 米オクラホマシティ恋人女性刺殺事件

## 口の中で化学物質の味がする。

執行………2014年1月25日（享年52）
処刑手段………薬物注射
処刑地………米オクラホマ州立刑務所

1988年1月28日、米オクラホマ州オクラホマシティで、当時21歳のリサ・スタンレーが、恋人のケネス・ホーガン（当時26歳）にナイフで滅多刺しにされ殺害された。公判でホーガンは彼女を刺したことを認めたものの、その日、喧嘩となり彼女がナイフで攻撃してきたため正当防衛として自分もナイフで抵抗したと主張。しかし、陪審員はホーガンがリサを殺した後、さも強盗が入ったように見せかけるため部屋を意図的に荒らしたものと有罪を評決し、判決で死刑が下る。が、その後の控訴審で犯行は殺意のない過失致死とみなされるも、最高裁は再び死刑を選択。最終的に刑が確定したのは事件から15年後、2003年のことだった。さらに11年後の死刑執行当日、ホーガンは被害者遺族に「娘さんを元に戻すことができなくて本当に申し訳ありません」と謝罪する。最期の言葉は薬が投与された際に発した上記の台詞だった。

# ケリー・ギッセンダナー

## 米ジョージア州唯一の女性死刑囚

# 本当にごめんなさい。あの素晴らしい夫は私のせいで死んだのです。

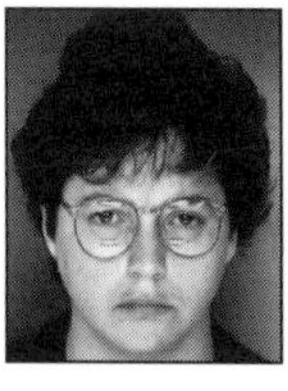

執行……2015年9月30日（享年47）
処刑手段……薬物注射
処刑地……米ジョージア州ジョージア診断分類刑務所

ギッセンダナーは1968年、米ジョージア州の貧しい綿農家の家庭に生まれた。19歳で結婚するも半年で離婚。1995年、27歳のときに2つ年上の男性と再婚し、2人の男児を出産した。傍目には幸福そうな暮らしだったが、彼女は3歳上の男と不倫しており、しだいに夫が邪魔になる。そこで不倫相手に夫の殺害を依頼、1997年2月7日、実行に移す。この日の夜、夫が帰宅すると、屋内に隠れていた愛人がナイフで脅し車で拉致。連行した森林で刺殺し、遺体を森の中に遺棄した。ほどなく逮捕された2人は裁判にかけられ、ギッセンダナーに死刑（ジョージア州で女性に死刑が宣告されるのは初で唯一）、愛人男性に終身刑の判決が下る。その後、彼女は改心しキリスト教信徒となり、ローマ法王からも助命が嘆願されたが、聞き入れられず死刑執行。当日、ギッセンダナーは泣きながら「アメイジング・グレイス」を歌い、夫の両親に向け上記の言葉を口にした後、刑場の露と消えた。

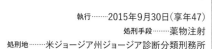

# マーク・エイセイ

## 黒人男性2人を殺した白人至上主義者

# 前の扉からでも後ろの扉からでも何とかして刑務所から出たい。

執行……2017年8月24日(享年53)
処刑手段……薬物注射
処刑地……米フロリダ州立刑務所

1987年7月17日未明、生粋の白人至上主義者であるマーク・エイセイ(当時23歳)と弟、エイセイの友人の3人が娼婦を買うため、米フロリダ州ジャクソンビルのダウンタウンへ繰り出した。すでに酩酊状態だったこともあり、エイセイはそこで売春を仲介する黒人男性(同34歳)に人種差別的な中傷を浴びせ、喧嘩と発展するなか、男性を銃で殺害する。その後、エイセイらはヒスパニック系の売春婦(同26歳)を買いオーラルセックスを楽しんだが、行為の最中に相手が男性であることに気づき激怒、躊躇なく射殺する。後日、事件がテレビで特集番組として放映されたことにより逮捕。1988年11月に死刑判決が下り、最終的に2000年に刑が確定する。その後、エイセイは「お祈りをして『刑務所はもう十分だ』と言っている。だから、前の扉からでも後ろの扉からでも何とかして刑務所から出たい」と命乞いをするが、聞き入れられるはずもなく薬殺刑に処された。

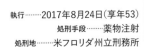

# 人殺し！

## エリック・ブランチ
### ウェスト・フロリダ大学女子大生強姦殺人事件

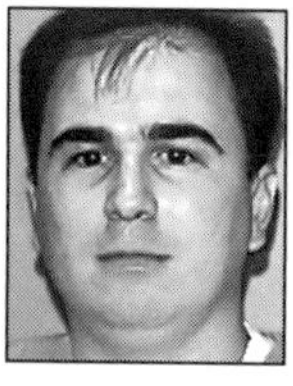

執行……2018年2月22日(享年47)
処刑手段……薬物注射
処刑地……米フロリダ州立刑務所

1993年1月11日、米フロリダ州にあるウェスト・フロリダ大学に通うスーザン・モリス（当時21歳）が帰宅のため、自身の車に乗ろうとしたところ、突然、エリック・ブランチ（同21歳）に腕を掴まれ、人目につかない空き地へ引きずり込まれた。全く面識のない男に拉致された恐怖に怯えるモリスを、ブランチは欲望のままにレイプし、絞殺。そのまま彼女の車を奪って逃走する。目撃情報などからほどなく逮捕されたブランチには1992年11月にもインディアナ州で14歳の少女を強姦、逮捕された前科があった。が、裁判で有罪判決を下され収監されたものの、手違いで施設から釈放されていた。1994年5月、陪審員はこうした過去の状況を鑑みて有罪を評決し、裁判所は死刑判決を下す。ブランチは判決に不服を申し立て控訴、上訴するも、全て棄却され2005年3月に刑が確定。執行当日、薬物を投与された直後、ブランチは「人殺し！」と絶叫、ほどなく絶命した。

# ビリー・イリック

## 米テネシー州7歳女児強姦殺人事件

# 本当にごめんなさいと言いたいだけです。

執行………2018年8月9日（享年59）
処刑手段………薬物注射
処刑地………米テネシー州ナッシュビル刑務所

1985年４月15日、イリック（当時26歳）は米テネシー州ノックスビルで５人の子供の面倒をみていた。といっても我が子ではない。友人である隣人夫妻に頼まれ、彼らの家で生活、子供たちの世話係に就いていたのだ。その日、イリックは彼らの母親と口論になり苛立っていた。が、母親は外出する用事があり、子供をイリックに預け家を出る。どの時点で彼が犯行を決意したのかはわからない。が、母親が出かけてほどなく彼は、子供たちの中からダイアーという当時７歳の女児を家の中で強姦、首を絞めて殺害する。その後、子供たちの父親に電話をかけダイアーが倒れているとだけ語ったものの、後の捜査で彼女の体に残された精液のDNAとイリックのDNAが一致し逮捕。1986年12月に死刑判決が下る。執行は当初2014年10月の予定だったが、４年後に延長。薬物が投与される前、エリックは被害者遺族に謝罪の言葉を述べ、死へと旅立った。

# ロドニー・ベルゲ

## 米サウス・ダコタ州立刑務所看守殺害事件

# 遅れてすまない。渋滞に巻き込まれたんだ。

執行………2018年10月15日(享年56)
処刑手段………薬物注射
処刑地………米サウス・ダコタ州立刑務所

誘拐などの罪で終身刑を受け、米サウス・ダコタ州立刑務所に収監されていたロドニー・ベルゲが脱獄のため、看守を殺害するのは2011年のこと。果たして、脱獄計画は失敗に終わり、改めて開かれた裁判で死刑判決を受ける。その後、彼の弁護人はベルゲに知的障害があることを理由に控訴、上訴を行うも全て却下され、いよいよ執行が決まる。当日、ベルゲはパンケーキ、ソーセージ、チップス、メープルシロップとバターを注文し、最期の食事を楽しむ。あとは、処刑を待つだけだった。しかし、ここで弁護人が意外な行動に出る。ダメ元で上訴を嘆願したところ、米国最高裁判所がこれを許可したのだ。が、6時間後には申し出を却下。この経緯を知ったベルゲは最期に刑務官らに「遅れてすまない。渋滞に巻き込まれたんだ」とジョークを飛ばし、今度は本当に処刑された。死亡が確認されたのは2018年10月15日19時30分だった。

# エドマンド・ザゴルスキー

## 米テネシー州ドラッグ取引殺人事件

# さあ、やろうか。

執行………2018年11月1日(享年63)
処刑手段………電気椅子
処刑地………米テネシー州ナッシュビル刑務所

ザゴルスキーは1954年に米ミシガン州に生まれ、長じて傭兵として働いていた。1983年、28歳のときに友人に誘われテネシー州ヒックマン郡の農場へ。そこで、28歳と35歳の2人の男と親しくなる。きっかけはドラッグの取引で、ザゴルスキーが売り手、2人が買い手だった。同年4月21日、ザゴルスキーは2人にマリファナを100ポンドで売りたいと話を持ちかけ、2日後の23日夕方に農場近くの森で取引することになった。が、待ち合わせの場所に現れた彼らをザゴルスキーはいきなり射殺する。約束のドラッグを用意できず、金だけ奪うつもりだった。1ヶ月後、逃亡先のオハイオ州で逮捕。このときザゴルスキーは弾丸付きベストを身に付け、警察車両に向かって5度発砲した。1984年3月、死刑判決が出たが、執行は実に34年後の2018年。テネシー州で電気椅子での死刑執行は11年ぶりで、ザゴルスキーは見守る人々に手を振るなど余裕の態度を見せ、最期に「さあ、やろうか」と述べ、刑場の露と消えた。

# みんなを愛しています。アイ・アム・レディ。

## ロバート・スパークス
### 米ダラス妻子3人殺害事件

執行……2019年9月25日(享年45)
処刑手段……薬物注射
処刑地……米テキサス州立ハンツビル刑務所

2007年9月15日、ロバート・スパークス（当時33歳）は米テキサス州ダラスの自宅で、ベッドで寝ている妻（同30歳）をナイフで18回刺して殺害。続けて継子である10歳と9歳の兄弟にも刃を向け死に至らしめた挙げ句、14歳と12歳の継娘を繰り返しレイプした後、自ら警察に通報し逮捕された。取り調べで犯行動機を聞かれ「妻が自分を毒殺しようとしていると思った。家族を殺せという声が聞こえた」と供述。スパークスは過去に、病院で妄想性障害、統合失調感情障害と診断されたことがあった。このことから弁護人はスパークスが犯行時、妄想にとらわれていたとして裁判で無罪を主張するが、陪審員は事件の残酷性を重く見て有罪を評決、2009年1月、死刑判決が下された。その後も弁護側は彼が知的障害であることを理由に刑の執行停止を求めるも聞き入れられず、判決から10年後に薬殺刑執行。最期の言葉は自分が殺傷した家族への謝罪と愛情の表現だった。

# 自分がもたらした悲劇にごめんなさいと言いたい。

## ジョン・ガードナー
### 米テキサス州妻殺害事件

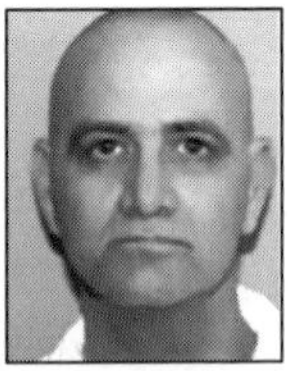

執行……2020年1月15日（享年64）
処刑手段……薬物注射
処刑地……米テキサス州立ハンツビル刑務所

2005年1月23日、米テキサス州コリン郡に住む女性が銃で撃たれ2日後に死亡した。犯人は別居中で離婚寸前だった夫のジョン・ガードナー（当時49歳）。ガードナーはこれまで5度の結婚経験があり、その全てを妻に対する暴力で破綻させていた。1983年には当時妊娠中の18歳の妻を銃で撃ち殺しミシシッピ州の刑務所に2年服役し、仮釈放から2年後、次の妻の娘を強姦し妻をナイフで脅し拉致・監禁。こうしたことから、6番目の妻も夫に殺されるのではないかと日頃から怯えていたという。2006年11月、死刑宣告。執行当日、最期の言葉を聞かれたガードナーは、処刑室の窓で見守る妻の息子や自分の母親に向け「家族よ、ありがとう。自分がもたらした悲劇にごめんなさいと言いたい。あなたたちが平穏、喜び、そして終結を見出せることを望んでいます。あなたたちがいつか私を許してくれることを願っています」と答え、薬殺刑に処された。

# ニコラス・サットン

## 米テネシー州祖母・知人ら4人殺害事件

# 神の僕《しもべ》になれることにただ感謝しています。

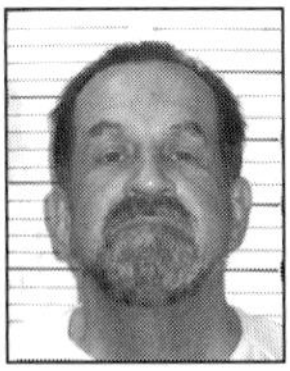

執行……2020年2月20日(享年58)
処刑手段……電気椅子
処刑地……米テネシー州ナッシュビル刑務所

サットンは1961年、米テネシー州モリスタウンで生まれた。幼少期に、アルコール依存症で服役経験のある父から薬物の使用を教えられ、自分もいつしか薬物依存症に。父の死後は祖母のもとで暮らしたが、1979年12月25日、18歳のときに金をめぐるトラブルから知人男性2人と祖母(当時58歳)を殺害。1980年、終身刑を受け、同州のモーガン郡矯正施設に収監される。5年後の1985年1月15日、刑務所内での薬物取引をめぐるトラブルが原因で、仲間3人と、9歳の少女を強姦し服役していた当時44歳の受刑者を刺殺。翌1986年3月、死刑を宣告される。その後、幾度も控訴を繰り返す傍ら、キリスト教に帰依。執行が近くなった2020年1月、処刑手段として薬物注射ではなく電気椅子を選び、その1ヶ月後に執行を迎える。当日、家族、友人に愛や感謝の気持ちを言葉にし処刑執行。最期の言葉は「神の僕になれることにただ感謝している」だった。

# オーランド・ホール

## 米テキサス州16歳少女生き埋め殺人事件

皆さんを
イスラム教に招待します。
許しの機会を
与えてくれて
ありがとう。

執行………2020年11月19日(享年49)
処刑手段………薬物注射
処刑地………米インディアナ州テレホート連邦刑務所

1994年9月26日、麻薬常習者のオーランド・ホール(当時23歳)と仲間3人は米アーカンソー州で4千700ドルのマリファナ取引に騙され、金を盗んだと思われる売人の自宅があるテキサス州アーリントンへ車で向かった。そこで応対したのが売人の妹である当時16歳の女子高生リサ・レネ。将来は医学の道を目指す優等生だったが、彼女が家に入ることを拒否したため、ホールらは銃で脅し誘拐。モーテルに連れ込み、セックスを強要した後、殴る蹴るの暴行を働いたうえ、近くの公園に掘った穴に生き埋めにし殺害した。翌日、アーカンソー州に戻ったところをパトロール中の警察官に見つかり逮捕。裁判でホールに死刑、他3人に懲役15年〜25年の判決が下る。獄中でホールはイスラム教に改宗、執行当日、「皆さんをイスラム教に招待します。許しの機会を与えてくれてありがとう。(2人の)子供に愛していると伝えてください」と言い、薬殺刑に処された。

# リサ・モンゴメリー

## 米ミズーリ州妊婦殺害、胎児誘拐事件

# 何もない。

（最期の言葉を聞かれて）

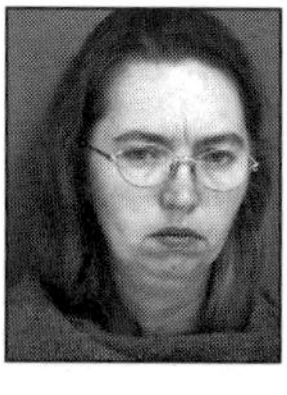

執行………2021年1月13日（享年52）
処刑手段………薬物注射
処刑地………米インディアナ州テレホート連邦刑務所

2004年12月16日、米ミズーリ州スキッドモアで妊娠8ヶ月の女性（当時23歳）が絞殺された挙げ句、腹を引き裂かれ胎児を誘拐されるという陰惨な事件が発生した。ほどなく被害者のメールの履歴などから逮捕されたのはカンザス州在住の女性リサ・モンゴメリー（同36歳）。実際に妊娠していないにもかかわらず、妊娠の症状が現れる「想像妊娠」を抱え、現実とのギャップが耐えられず、オンラインチャットで知り合った被害女性の家に訪問、犯行に及んでいた。裁判で弁護側はモンゴメリーが事件時、妄想性障害を患っていたとして無罪を主張するも、陪審員は有罪を認定、2008年4月、死刑判決が下る。執行は新型コロナウイルス感染拡大の影響で、当初の予定より2ヶ月延期され2021年1月に実施。最期の言葉を聞かれた彼女は「何もない」とだけ答え、薬殺刑に処された。

# 手と口が燃えているようだ。

## コーリー・ジョンソン

### 米バージニア州麻薬組織メンバー5人殺害事件

執行………2021年1月14日(享年52)
処刑手段………薬物注射
処刑地………米インディアナ州テレホート連邦矯正施設

コーリー・ジョンソンは生後まもなく薬物依存症の母に捨てられ、13歳になっても時計が読めず、自分の名前も書けなかった。大人になり米バージニア州の麻薬組織に加入し、1992年、24歳のときに対立組織との抗争で相手のメンバー5人を射殺する。組織は、知的に問題を抱えていたジョンソンを意図的に実行犯に選んだようだ。死刑判決を受け、事件から29年後の2021年に執行。当日、ジョンソンは十字架のように両腕を広げて担架に縛り付けられ、薬物を流すチューブを腕に装着された。その様子を見守る実兄に「愛してる」と言うと、立ち会いの宗教家が「君は愛されてる」と返す。ジョンソンが目を閉じ、いよいよ薬物注入。ほどなく絶命するはずだった。が、処刑開始から7、8分経ったとき、ジョンソンが深く息をつき「手と口が、燃えているようだ」とつぶやいた。慌てて医師が入室し、死亡を確認したのはそれから20分後のことである。

# ルイス・ガスキン

## 米フロリダ州スタームフェルズ夫妻殺害事件

正義とは
犯罪に関するものではない。
犯罪者に関するものでもない。
正義とは
法律に関するものである。

執行………2023年4月12日(享年56)
処刑手段………薬物注射
処刑地………米フロリダ州立刑務所

ルイス・ガスキン（事件当時22歳）は1989年12月20日、米フロリダ州フラッグラー郡パームコーストの邸宅に強盗目的で押し入り、主人のロバート・スタームフェルズ（同56歳）と妻のメアリー（同55歳）を22口径のライフル銃で射殺。犯行時、身元がバレないよう全身黒の忍者服を着ていたことから「ニンジャキラー」と呼ばれた男だ。殺害後、すぐに帰宅し盗んだ金をガールフレンドに「クリスマスプレゼント」として贈ったものの、そのことを聞いた彼女のいとこが警察に連絡、事件から10日後に逮捕される。取り調べで犯行を自白したガスキンは、1986年に同僚男性を殺害していたことも自供。1990年9月、死刑判決を受ける。執行は逮捕から実に33年後で、処刑当日、ガスキンは実の妹に面会し、最期の食事として七面鳥のネック、エビフライドライスなどを楽しんだ後、薬殺刑に処された。彼が発した最期の言葉の意味をわかる者は誰もいなかった。

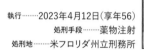

# 死刑囚238人 最期の言葉

2023年8月29日　第1刷発行

編　著　　鉄人ノンフィクション編集部
編集・発行人　尾形誠規
発行所　　株式会社　鉄人社
〒162-0801 東京都新宿区山吹町332 オフィス87ビル3F
TEL 03-3528-9801　FAX 03-3528-9802
http://tetsujinsya.co.jp

デザイン　鈴木 恵（細工場）
印刷・製本　新灯印刷株式会社

【参考図書】『命の灯を消さないで──死刑囚からあなたへ 105人の死刑確定者へのアンケートに応えた魂の叫び』（死刑廃止国際条約の批准を求めるフォーラム90編、インパクト出版会）／『死刑囚の最後の瞬間』（大塚公子著、角川文庫）
【主な参考サイト】死刑確定囚リスト／日本における被死刑執行者の一覧／Wikipedia／Murderpedia／CNN／ニューヨーク・タイムズ／Mirror／AFP／CBS／BBC／KFVS12／THE TEXAS TRIBUNE／殺人博物館／世界の猟奇殺人者／文春オンライン／現代ビジネス／産経新聞／東京新聞／毎日新聞／講談社BOOK倶楽部／NewSee／CUBE MEDIA／死刑囚列伝／バズニュース速報／おにぎりまとめ／ビター・マガジン／世界犯罪目録／ラビットホール／ailovei／WONDIA／カラパイア
その他、多くの資料、サイトを参考とさせていただきました。

ISBN978-4-86537-261-8　C0076　

本書へのご意見・ご要望は直接、小社までお願いします。